平凡社新書
1080

なぜ日本のメディアはジャニーズ問題を報じられなかったのか

記者クラブという病理

柴山哲也
SHIBAYAMA TETSUYA

HEIBONSHA

まえがき――歌を忘れたカナリアたち

オールドメディアの退場が言われている。これは日本だけでなく世界的傾向のようである。例えば、2025年1月に誕生した第二次トランプ政権。ホワイトハウスでの大統領記者会見にはフリーランスやSNSの記者が多数参加、オールドメディア記者に先行してトランプ大統領への質問を行い、オールドメディアの記者たちをあわてさせた。大統領選挙でトランプ勝利に貢献した記者やフリーランス、SNS記者への謝意が見え透いた会見シーンだった。政権に批判的なオールドメディアの新聞やテレビ記者は優遇しないと言わんばかりに見えた。従来のリベラル系の既成新聞やテレビ記者が大統領選報道をリードしてきたアメリカの政治風土の、あからさまな変化を見た気がした。

政権批判を封じて権力との親和性を優先させる記者会見は日本も同様だ。オールドメディアの新聞、テレビは経営難で衰退し、大新聞は大幅な部数減、巨大テレビの視聴率低下は顕著で、国民の信頼度は著しく低下している。

本書の冒頭で取り上げたジャニーズ問題は、当初日本のオールドメディアは沈黙していたが、英国ＢＢＣが報道し、この「報道外圧」によって大新聞やテレビもやっと重い腰を上げるに至った。

私が本書でジャニーズの問題を書こうと思った動機は、事件の背景にある「人間の尊厳の毀損」だった。多数の未成年を含む若者タレントたちが筆舌に尽くせない性加害に遭い続けていたのを知りながら、長年「沈黙」し続けたメディア側の「人権意識の不在」とその背景と原因を調べたかった。「人間の尊厳」が毀損《きそん》されていると思ったからだ。

不正腐敗を暴く政治行政権力の監視、および市井に生きる無辜《むこ》の読者・視聴者に降りかかった不当な人権侵害の監視は、どのメディアにも共通の課題のはずだ。

メディアは国民の「知る権利」に役立つ記事内容によって、読者・視聴者から相応の経済的対価を得ることができ、社会的な自立を果たしている。しかし、ジャニーズ問題について、それまで日本のオールドメディアはなぜ沈黙していたのだろうか。

ジャニーズ問題だけではない。自民党政権が過半数を割り込む契機になった裏金事件にしても、地方の大学教授の孤軍奮闘の調査によって明らかにされた。新聞、テレビの記者クラブの政治部記者たちはそれらの事実を知っていたのか、知らなかったのか、知っていても報道はしなかったのか。記者クラブで大きな顔をしていたオールドメディアの記者たちは「書く自由」を放棄し、「書かない自由を謳歌する生活」を楽しんでいたのか。そんなことでは読者・視聴者に見捨てられるに決まっている。存在意義を失った「報道しないメディア」へと変貌したなら、「歌を忘れたカナリア」のように裏の竹藪に捨てられる運命ではないのか。

1970年、私は大学院を中退して新聞記者になった。当時の大学は60年安保の残滓《ざんし》と全共闘運動の花盛り。教室は封鎖され、立看だらけのキャンパスにはビートルズの音楽や労働歌がいっぱい流れていた。とても学問をする雰囲気ではなかった。学友たちに「ブル新（当時の左翼用語でブルジョワ新聞のこと）に行くのか」と冷やかされた時代だった。

そのころの新聞界は「朝毎時代」と言われ、朝日と毎日が覇権を争っていた。ところが佐藤栄作政権時代の1973年、沖縄返還をめぐる日米交渉の外務省機密文書漏洩で、毎日新聞の西山太吉記者の逮捕事件が起こり、毎日の部数は激減した。その隙間に読売新聞が台頭し、「朝読時代」になった。さらに本書でも触れた2014年の「朝日新聞バッシング事件」の影響もあり朝日の部数は著しく凋落、読売の優位は決定的になった。

戦後日本の大新聞は、部数増による覇権競争に加え、自民党有力政治家との親密関係構築による政界への影響力拡大を権力基盤としていた。特に田中角栄政権以降、親会社の大新聞とテレビ局の子会社という系列関係（クロスオーナーシップ）が作られ、新聞には地方系列局の電波取得（波取り）の政治手腕が記者にも求められていた。編集内容より景品などで部数を積み上げて稼ぐ「販売部の腕力」がものを言う時代でもあった。

2024年末、世界最大の1000万部発行を達成した読売新聞グループ本社代表取締役主筆の渡邉恒雄氏が亡くなった。かつては「無冠の帝王」と言われた新聞記者だが、渡邉氏は旭日大綬章の勲章を授与されている。

第4章の中の「記者クラブという宿痾《しゅくあ》」で書いたが、閉鎖的で特権的な記者クラブ改革に立ち上がった元長野県知事田中康夫氏に対し、当時日本新聞協会会長だった渡邉氏は「地方政治家の発作的行動」と切り捨てた。「ナベツネ」は大新聞の既得権益を守るドンで、記者クラブ改革に真っ向から反対していたのだ。

かつて私は「主筆が政界工作をする読売新聞の病理」という記事を「月刊現代」(2008年新年特大号、講談社)に書いたことがある。参院選で野党民主党が多数派となったとき、憲法改正、消費税率アップの持論を持つ渡邉氏が、「決まらないねじれ国会解消」のために、自民、民主の大連立を構想した。読売新聞は大連立構想の利点を社説でしきりに宣伝した。ところが、この構想実現のために、渡邉氏自身が党首会談のお膳立てをするなどの「政界工作」をしていたことが明らかになり、実現しなかった。渡邉氏が裏の政界工作を行い、新聞が表でこれを宣伝していたことが明らかになったのだ。政界工作は新聞記者のやることではない。新聞記者の仕事は取材によって得た事実を書くことであり、自らが密かに仕掛けた出来事を、取材した事実として書くのは記者の本分からの逸脱である。それはフィクサーのやることで記者の役割ではない。渡邉氏はそこを混同しているのではないかと考え、右の記事を書いた。

ギネスブックに掲載された世界最大の発行部数を誇る新聞のトップが政界工作をする。新聞が自作自演の事実を作り、それを報道すれば新聞は何だって書ける。しかしそれは読者や社会への裏切りではないか。

戦前の軍国主義時代に生まれた渡邉氏は学生時代に共産党員になり、新聞記者になった。戦争の不毛を訴え、靖国参拝反対、不戦平和主義を唱えていたが、政治的には守旧派で、政権交代した民主党をポピュリズムと批判していた。

新聞界のドンとして君臨した渡邉氏に関しては、その功罪の検証と再評価が必要だと思う。もしあの時、渡邉氏が主張した与野党大連立が実現し、大連立に賛同する報道が行われていたら、渡邉氏が怖れていた戦前のような大政翼賛政治が実現していたかもしれない。

オールドメディアの退場は新聞の劣化と軌を一にしている。第二次トランプ政権誕生でアメリカでも同様の懸念は出ているが、大新聞を見る限り、アメリカの新聞は報道すべきことは報道する健全性を保っている。

活字からラジオ、テレビ、インターネットへと影響力のあるメディアは時代によって変化したが、活字文化は近代文明の基盤である。活字メディアは人間の知性と理性を喚起させるメディアだ。オールドメディア退場の中にあっても、新聞本来の伝統的な役割を取り戻す必要がある。本書を書いた目的もそこにある。ペンの力を信じよ！

ジャニーズ事件、日本型記者クラブの病根、報道の自由度ランキングの失墜、日本外国特派員協会への「駆け込み寺記者会見」、独裁国にも似る日本のテレビ電波制度など、本書で取り上げた内容は全て「国民の人権侵害」に関わるテーマだ。

第二次世界大戦後に起草された国連憲章の前文には「基本的人権と人間の尊厳の不可侵」が書いてある。人類の正義について述べた国際法の理念だ。日本は国連安全保障理事会には敏感で、常任理事国入りを悲願としているが、国連人権理事会のマターにはまことに鈍感で、ジャニーズ性加害問題やメディアへの政治圧力、女性差別などに関する人権理事会の調査勧告を無視してきた。オールドメディアも同様だ。

しかし近年、日本の「人権侵害問題」は世界のメディアでも注目されるようになってきた。本書で取り上げた諸テーマも、全て「現代日本の人権問題」である。

なぜ日本のメディアはジャニーズ問題を報じられなかったのか●目次

第1章　ジャニーズ性加害問題と「メディアの沈黙」

なぜ、メディアは沈黙したか

日本は独裁国家ではなく、言論表現の自由の名のもとに成立している。メディアの責任を追及するのは、政府や司直の役割ではない。言論の自由と人権を本当に守るべき大事な理念と思っているなら、隠された全問題を自力で解明し、読者・視聴者・国民の「知る権利」に応えるべく、事件の経緯を明らかにすべきだ。だが、ジャニー喜多川氏の性加害問題に関してはなぜメディアは沈黙してしまったのか。

ジャニーズ性加害問題は、20年ほど前から「週刊文春」など一部週刊誌の散発的報道があり、噂話としてメディア界で知られていたのに、本気で取材する主流メディアの記者はいなかった。日本の巨大メディアの沈黙が破られたのは、イギリス公共放送BBCが報道し、その「外圧」を受けてからだ。しかし加害者とされるジャニー喜多川氏の死去からすでに約4年の歳月が経過しており、当人の口からその事実が語られることはなかった。

報道を受けて、ジャニーズは会社の名称を「スマイル‐アップ」と変更、創業者のジャニー喜多川氏の姉で会社の実権を握っていたメリー喜多川氏の後を継いだ娘の藤島ジュリー景子社長が退陣、新社長にジャニーズタレント出身の東山紀之氏が就任し、性被害の実態調査を弁護士らによる外部専門家の再発防止特別チームに依嘱した。調査委員長である元検事総長（現在は弁護士）の林真琴氏は調査結果を受けた記者会見で、性被害が長期間に及んだ背景には「メディアの沈黙」があったと、ジャニーズ側の責任のほかに、報道を怠ったメディアの責任にあえて触れたのは注目すべき点だった。

いったい、「メディアの沈黙」とは何を意味するのか。「メディアの責任」を解明するのは誰の役割と仕事なのか。この国の図体だけは大きい主流メディアは「沈黙の当事者」と元検察官に指摘されたのだった。これはメディアとして恥ずかしい事態ではなかったか。

欧米メディアなら自らの力量と調査能力で説得力ある責任の所在を明らかにするだろう。アメリカのニューヨーク・タイムズやイギリス公共放送ＢＢＣなどの一流メディアは自らの不祥事に際しては実際にそうしている。

しかも、欧米メディアでは、誤報の責任は厳しく問われるが、「書かなかった責任」「報道しなかった責任」が問われたという話は寡聞にして聞かない。

しかし現状の日本のメディアの仕組みや力量を考えれば、もし内部調査をやったとしても、残念ながら不満の残る「お手盛り調査」に終わるのは目に見えている。

「カオス」の新会社設立記者会見

会社側はジャニー喜多川氏の性加害を認めて謝罪したものの、２０２３年10月３日のジャニーズ新会社（スマイル－アップ）設立時の記者会見は異様なものだった。長年記者をしていたが、あのような記者会見現場を私は見たことがない。記者たちは、既成の記者クラブ記者とフリーランスに識別され、挙手した記者の中から司会者が質問者を選別していたのは明らかだった。記者クラブ記者でも、ジャニーズの眼鏡にかなっていない記者は指名されず冷遇されている雰囲気がわかった。

ジャニーズを庇う会社寄りの記者が、追及する記者を攻撃する風景もあった。記者団の内部で分裂が起こっていたのだ。

さらに、司会者側にはジャニーズ寄りの記者、追究する反会社側記者を識別するためのリストが配布されていたと言われている。いわば「NGリスト」が内々で作成されていたのだ。当然ながら質問内容はマチマチで、事件の本質を共同で探り改革の先を見据えようとする一貫性はなく、目立ちたい記者や興味本位の記者の質問もあり、下種《げす》と思われる下らない質問も多数見られた。司会者側の能力不足もあってか、約4時間にもわたる長時間の記者会見であった。

いったい、この記者会見から問題解決のどんな前向きな質疑提案が生まれたのだろうか。性被害にあった若者たちが受けた心の傷と侵害された人権回復の契機は生まれたのか。「メディアは今、何を議論すべきか」というアジェンダセッティングは行われず、まさに開催目的が不明な「カオスの記者会見」というべきものだった。何よりも、記者たちが集まる記者会見の場で、自分たちメディアが沈黙した背景と責任の所在が全く語られなかったのは、不可解というほかない。

あの記者会見を視聴していて、この国の劣化したジャーナリズムが、数十年と続いたジャニーズの隠された性加害問題の全貌を摘出、解明できるとは到底思えなかった。しいて言えば、この記者会見開催の意義は、戦後延々と若者たちを虜にしてきた「ジャニーズ神話」の終焉だろう。

なぜメディアは沈黙したのか。戦前、東洋経済新報社主筆だった石橋湛山は、2・26事件後の大政翼賛時代にあって果敢な言論を展開、「最近は言論不自由を嘆いて何も書けないと大新聞記者はいうが、書けないのでなく、書かないのだ。どんな不自由な時代でもその気になれば書けることはいくらでもある」と喝破した。軍部の検閲が厳しかった戦前でも、「必要なことは書くジャーナリストの気概と勇気を」と石橋湛山は語った。[1]

戦前に比べ、現代は軍部独裁も検閲もないし、憲法で言論の自由が保障されている。テレビ電波は監督官庁の総務省の監督下にあるが、新聞には監督官庁はなく100%の自由を謳歌できる立場にある。

それなのに、ジャニーズ問題はなぜ「書かれなかった」のか、あるいは「書けなかった」のか。ジャニーズだけでなく、他にも「知りながら報道できない」多くの重要な事件はたくさん眠っている。実際、この国には多くのタブー事件があるため、国民の知る権利が損なわれ続けてきた歴史がある。「見ざる、語らざる、聞かざる」の「3サルの国」でいいのか。いま、問うべき問題の核心はこの点にある。

友人の言い残した言葉

私の学生時代の友人で、演劇サークル活動をしていた田上起一郎《きいちろう》氏は、普通の就職活動はせず、福田恆存《つねあり》氏主宰の劇団「雲」に就職し、長年、舞台監督の裏方の仕事をした。その後、彼は劇団を辞めて舞台俳優の演劇人を専門にしたプロダクション会社を経営していた。彼のプロダクションにはベテランの有名俳優が多く所属しており、若い俳優志望者も志願していたが、「歌の世界と関係のある芸能界の人はお断りしている」と話していた。

「芸能界は週刊誌のスキャンダルの宝庫だし、タレントを抱えていると様々な面倒が起こるからかね」と私が相槌を打つと、「うちにはスキャンダルになるような役者はいない。いわゆる芸能界は演劇人の世界とは違うところがある」と言った。演劇人のプライドを感じたが、仕事柄、彼は芸能界のことは熟知していた。しかし芸能界とは距離を置いていた。「歌の世界と関係ある人はお断りしている」という言葉の裏には、芸能界と言えば男女関係や金銭トラブル、薬物にかかわる類の週刊誌スキャンダルが付き物だが、それとも異なる禁断の裏面を想像させる、抽象的で「奥歯にものが挟まったもの言い」だったのを覚えている。温厚だった表情が硬く見えた。

私は深追いしなかった。しかし具体的なニュースになるネタが出れば、「取材源秘匿」の約束をして、取材に動いただろう。

しかし親しい友人でも、「記者には迂闊に業界のタブーを具体的に漏らすことはできない」と考えたのかもしれない。

その後、ジャニーズ問題が表面化したとき、「あのとき彼が語ろうとしたのはこの話だったのではないか」と思ったが、確認すべき友人はすでにこの世を去っていた。新型コロナの時期に重なっていたが、コロナではなく持病があったと夫人が話していた。訃報に接する半年ほど前に、「そのうち会おう」と電話で話したのが最後になってしまった。

報道されなかった判決

1999年から始まった「週刊文春」の報道などでタレントの卵たちの性被害記事は散発的に出ていたし、最初に実名でジャニー喜多川氏からの性被害を告発したフォーリーブスの北公次氏の怒りも伝えられていた。北氏のゴーストライターをやっていたというノンフィクション作家の本橋信宏氏は、北氏から「これだけは死ぬまで言わないつもりだった」と性被害を打ち明けられたという。[2] 1988年に刊行された『光GENJIへ』（データハウス）が、事件が明るみに出たきっかけになった。この本は35万部のベストセラーにもなっている。しかし異性体験もない16歳の少年時代に被害を受け続けた北氏の怒りと衝撃の告白を、日本の大マスコミは無視し続けた。北氏は2012年に63歳で亡くなっており、告発は世論の大きな広がりにつながらず、一過性のゴシップのように消えていった。

「週刊文春」元編集長の木俣正剛氏は、「あれから24年もかかった」という内容の記事を「プレジデントオンライン」に書いている。[3] これを読むと、週刊誌編集長として指揮した「ジャニーズとの闘い」がいかにタフなものだったかがわかる。同誌の取材は現場の被害者証言を徹底して積み上げるもので、粘り強く被害者に証言してもらう能力を持った記者チームが取材にあたっていた。「記事が出ると、自分も告発したいという少年が続々と現れた」という。そして、「ジャニーズ事務所からはすさまじい嫌がらせが始まり、芸能事務所とは思えない下劣な脅迫もあった」そうだ。さらに広告を握るジャニーズ事務所の画策で大企業の広告中止などの問題が起こり、ジャニーズ取材班は文春会社内部でも孤立を余儀なくされたというが、取材は辞めなかった。

同誌の取材方法は、記者クラブの主流メディアがやる政界や警察、官庁、役所などの権力組織をバックにした「お墨付き情報」に依存する手法ではない。書く記事の事実性を、自らの取材で完璧に立証しなければならない。

当時のジャニーズ側には性的虐待や性加害が犯罪であるという認識がなかったのかもしれない。そのためか、やがてジャニー喜多川氏側が逆襲に出て、「週刊文春」記事は名誉棄損にあたるとする民事訴訟が起こされた。一審判決は喜多川氏の勝利だったが、二審判決は文春側の主張がほぼ認められた逆転勝訴になった。しかしこのニュースは日本の新聞、テレビではほとんど報道されず、逆に海外ではニューヨーク・タイムズなどが報道した。

２００４年、最高裁判決で二審の高裁判決が確定し、「週刊文春」の記事にあった性加害事実が認定されるに至った。しかし朝日新聞は、この最高裁判決に触れはしたものの、ベタ記事扱いでしか報道しなかった。目立たず、背景や詳細な解説記事もなかったので、この記事がどれほど読者の衆目を集めたかは不明だ。当時、朝日のほかに最高裁判決に触れたテレビ報道は目にしなかったと記憶する。

ＴＢＳの「報道特集」（２０２３年10月７日）によれば、イギリスのＢＢＣが報じるまでなぜジャニーズ性被害を報道しなかったのか、背景の内部調査を行い、「当時の社会部記者はオウムの教祖・松本被告の一審判決の３日前で、特番準備などに忙殺され、ジャニー氏の裁判の記憶がない。また社会部も男性の性被害に対する意識が低く、芸能ダネと位置づけてしまったことが反省点と考えている」と弁明している。

しかし、ＮＨＫや他のキー局も同様だが、ＴＢＳはジャニーズのタレント集団からは膨大な視聴率を得、莫大なＣＭ広告料を稼いできたのではないか。ＴＢＳで年末に放映される日本レコード大賞の番組に出演するタレントの中には、売れっ子のジャニーズ所属歌手たちが多数いたはずだ。そのＴＢＳが、ジャニー喜多川氏の裁判を「芸能ネタ」と軽視していたというのは筋が通らない。

また普通の報道感覚で言えば、芸能界を代表する会社トップが関わる最高裁判決が出れば、各社の司法担当記者が記事にするのが通例と思うが、今振り返れば、ジャニー喜多川氏が「性加害など存在しない」と自らの名誉棄損で訴えた民事訴訟裁判が、メディア界の話題にならなかったということ自体、大変に不思議なことだ。

この最高裁判決を受けて、米国の芸能界ニュースに詳しいジャーナリスト、マーク・D・クェスト氏は、「キタガワは提訴したが、マスコミは報道せず、スキャンダルの争いに彼は勝利した」と指摘した。ジャニーズ事件に関しては、「日本のメディアは報道しない」ことまですでに知られていたのだ。

いったい、ジャニーズ性加害問題を黙殺した日本の主流メディアの背景にはどんな深謀遠慮の思惑があったのか。ジャニーズの人気タレントを使うことで、主要メディアは膨大な利益を得てきた。その見返りとして、性加害を黙殺したのではないか。

私が所属したことがある朝日新聞出版局にも「ジャニ担」と呼ばれるジャニーズ担当記者がいた。中年の女性記者だったと記憶するが、ジャニーズを仕切っている担当記者ということで、ジャニーズの会社お気に入りということだった。朝日新聞では彼女以外の記者がジャニーズのタレント取材で近寄ることはできないという話も聞いた。彼女の身体からは「秘密のバリア」を思わせるオーラが発散されているようで、いま思い起こせば、謎の多い女性記者だった。

当時の私は「朝日ジャーナル」誌の硬派記事の担当だったし、自分がジャニーズ取材をすることは恐らくないと思っていたので、その女性記者に近寄ることもなく通りすぎていった。当時の「朝日ジャーナル」には、統一教会の霊感商法問題を取材していた現衆議院議員の有田芳生《よしふ》氏がいた。しかしジャニーズを取材する記者はいなかった。同じメディアの世界にいても、この事件には関わるきっかけや機会もなく、この問題を知りもせず、通りすぎてしまった記者たちが大多数だろうとは思っている。

とはいえ、同時期に記者をしていた者にとって、それは免罪符にはならない。国民の「知る権利」を代行する記者もメディアも、記事を書き、番組を作って、購読者や視聴者の国民から対価を得ている。記者は税金で賄われている役人や公人とは立脚する社会的立場が異なる。役人や公人のように社会的地位が高いわけではない。

かつて日本の新聞界には「記者は無冠の帝王」という言葉があった。私は大学院を中退して新聞社に入社したが、その時の面接委員は「きみはなぜ大学院を中退したのか」と訊いた。別の面接委員が、「新聞記者は無冠の帝王だから、学歴は関係ない」と返してくれて、私はその問いには答えなかった記憶がある。「新聞記者って素敵な仕事だな」と思った。しかし入社して記者の仕事をするようになってからは、「無冠の帝王」という言葉を職場で聞くことはなく、すでに「絶滅危惧種」の言葉になっていたのだ。

近年は、政府や行政、大企業の広報と勘違いしている主流メディアの記者クラブ記者が多いように見受けられる。官房長官などの記者会見風景をテレビ中継で見ていると、記者たちは寡黙で、あたりさわりのない質問を繰り返すだけ。ひたすら長官の言葉をパソコンに書き写す記者たちに気が付く。カタカタとキーボードを叩く空しい音が鳴り響いている。

私が新人時代は、警察や役所や企業が出す発表をそのまま書く記者は、上司や同僚からもデキない記者と思われていた。どんな記者であれ、政府や行政、大企業や大組織、宗教団体の広報広告で生計を立てる側の人間ではない。あくまで記者は強制されることのない自由意志で事件の取材をし、公共性に資する記事を書いたり、番組を作っている人間だ。組織や誰かの都合で記事を書かされ、番組作りのために使われている人間ではない。記者と広報マン、CMマンの違いは画然としているのだ。

官邸記者会見に出席できる記者は、支局勤務の新人ではなくベテランの域に達して本社に抜擢された政治部などに所属の記者と思うが、先述したように、その静かさには驚くほどだ。

自民党裏金事件を見かねた神戸学院大学の上脇博之教授は「資料を見て法律違反を確信した」として検察に告発し、それを受けた検察が重い腰を上げて捜査へと動いた。だがその前に、なぜ政治部記者たちは率先して問題を記事にし、「調査報道」キャンペーンを張り、事件解明に取り組まなかったのか。自民党の裏金は当たり前の慣行と思ってみていたのか。さらに、検察捜査が核心の本丸へ届くことなく、「末端切り」の中途半端に終わったとき、なぜ大新聞の政治部記者たちは検察の後押しをするさらに大きなキャンペーンを張って、検察捜査の足らざるところを補おうとはしなかったのか。長年にわたってあれほど膨大な疑惑資料を集めていた上脇教授に、なぜ直接取材しようとはしなかったのか。上脇氏がいる神戸と中央首都・東京間の距離は、そんなに遠いのだろうか。

キーボードの音が響く記者会見室

しかし近年の官邸記者会見時の記者たちの大人しさを見ると、番記者たちは、与党自民党の裏金事件解明にいかに腰が引けていたか、理解できるというものだ。

質問する記者は官房長官らに恐る恐るものを言う雰囲気があり、記者より政治家が上にいるという感覚がわかる。記者は個人としてではなく、読者・視聴者の代表として質問しているのに、政治家の回答は、官僚が書いた答弁書通りの、上から目線の紋切り型回答ばかりだ。さらに閣僚の中には記者の質問の中身をわざと取り違えた「ご飯論法」のような回答をしたり、質問を無視して「次どうぞ」などと促すなど、記者を小馬鹿にしたものもある。

また誰が決めたことなのか、「更問い」（再質問）禁止という奇妙な取り決めがあり、一度質問した記者はそれ以上の追い打ちをかけることができない。これは理解しがたい反民主主義的な慣習で、こんな理不尽な慣習に従ってきた記者クラブ記者面々の見識を問いたい。

いまや報道機関全体が、政府監視の下に置かれた戦前・戦時の「大本営」のようで、戦後日本の「自由と民主主義」はタテマエだけに形骸化しており、報道界の劣化が手に取るようにわかる。

国連(人権理事会)が問題視したジャニーズの連続性被害

ここで確認すべきことがある。ジャニーズの性加害問題は、官邸ニュースよりニュースバリューが低いことは決してないということだ。事件を国際的に見ると、(日本を含む)国連加盟国の人権状況を監視し、改善を促すという役割を持つ国連人権理事会が警告したように、重大な「人権侵害事件」だったことが判明している。第二次世界大戦でナチスの残虐行為を体験した世界が、反省を込め、戦後の平和世界を実現すべく国際連合を結成しその中心理念を書いた国連憲章の冒頭に掲げたのが、「基本的人権」と「人間の尊厳」だった。

「人権がそれほどの大問題とは知らなかった」という言い訳は記者には通用しない。もし、記者が「ジャニーズ性加害情報」をどこかで摑んでいたなら、所属するセクションが社会部であれどこであれ、記者として何らかの行動を起こす必要があった。それができない記者とは一体、何のために、誰のために仕事をしている人間なのだろう。

記者とは単なる広報マンではなくジャーナリストであり、ジャーナリストとは同時代を映すさまざまな事件を取材して記録するプロフェッショナルな専門家だ。いわば同時代の記録を書く歴史家でもある。ビジネスマンやサラリーマンとの違いはそこにある。

日本メディア学会国際委員会の「性加害とメディアの責任」を考える会合（２０２３年12月15日、東京大学本郷キャンパスで開催）で、ジャニー喜多川氏の性加害を告発したＢＢＣの番組「Ｊ－ＰＯＰの捕食者」のドキュメンタリー制作者モビーン・アザー氏は、「（日本には）礼儀や場を乱さないのを重要視する社会があり、声を上げない要因につながっている」と指摘、記者たちも「自己検閲」したことで口をつぐんでしまったのではないか」と語った。また「事務所が、タレント起用などで圧力をかけられる構造にあったこと」も理由に挙げたという。[4]

有名タレント起用への忖度と言えば、テレビ朝日検証委員会の１０３人の局員やＯＢへの聞き取り調査で「忖度《そんたく》の空気が醸成されていた」との証言がある。[5] 安倍政権時代の政治圧力に対する「メディア側の忖度」が問題化して久しいが、芸能界の闇の構造にも忖度は広がっていて、これが報道されない理由と考えると、まことにそら恐ろしい。人が権力者に忖度するときは、自分の保身と利害権益が絡んでいるからだ。忖度によって起こる人間の尊厳の毀損や他者への人権侵害など、独裁国の社会と同じだ。

記者は何を書くべきか――『世論』のリップマン

なぜ人間はものを書くか。ここでアメリカの歴史に残るジャーナリストの記録をひもといて、「書くことの意味」を探ってみたい。

近代国家のメディアの主要な役割とは、権力組織の暴走を監視し、社会と世論に警告を与えるものではなかったか。『世論（パブリック・オピニオン）』を書いて米国の新聞界に大きな影響を与えたウォルター・リップマンは、新聞の役割は公正で健全な社会世論形成の仕事であり、間違った報道を新聞が行うことで「世論」が間違った方向へと誘導され、社会の腐敗に手を貸し、スケープゴートを作り出し、差別・偏見や憎悪を助長するにとどまらず、平和な社会を壊し、「戦争」へと世論を導く、と警告している。さらに新聞記者（ジャーナリスト）の仕事とは、世の中の出来事を5W1Hの取材に基づいて再構成し、社会に提示すること、と述べている。

リップマンは、大国アメリカの世論がアメリカ優先主義（モンロー主義）に自閉し、国際連盟への加盟を拒否したことで、ヒトラーのナチズム台頭を許し、第二次世界大戦を阻止することができなかった責任を追及して、『世論』を書いた。

国際主義によって戦争を防止する「国際連盟」の必要を説いたのは、当時のアメリカ民主党政権の大統領ウッドロー・ウィルソンだったが、これに反対する共和党が唱えた他国不干渉主義、自国第一主義に同調して国際連盟加盟を否定する世論を誘導したのがアメリカの有力新聞だったことを、リップマンは重く見て、新聞の覚醒を説いたのだ。彼はハーバード大学で優秀な成績を収めたので、学界、経済界から引く手あまたの学生だったが、ジャーナリストになって世論形成に影響力のある人物になろうと決意し、大著『世論』を書いたと言われる。

リップマンは第二次世界大戦後のアメリカのジャーナリズム界の重鎮として影響力を持ち、歴代の大統領もリップマンの新聞社説や論説記事には耳を傾けた。

性被害の全貌解明はいつになるか

３００万人余りの膨大な戦争犠牲者を出し、原爆が落とされて太平洋戦争に敗戦した戦後の日本は、戦場で死ぬ人はいない平和な社会にはなったが、憧れの芸能界で生き残る「サバイバル戦争」のさなかで、会社トップによる性被害に遭い、肉体的、精神的に斃《たお》れた若者たちが大勢いた。そこはまるで「戦場」だった。誹謗中傷を苦に自殺した人もいるという報道があるし、被害に遭った10代の若者の中には立ち直れずトラウマによる精神的な死に直面した人が多数いるとされる。しかしジャニー喜多川氏の生存中はずっと続いたという被害実態の全貌はまだ明らかではない。２０２４年末に、米国のホテルでジャニー喜多川氏から性加害を受けたという元所属タレント２人が、スマイル‐アップ社などに対して3億ドル（４６０億円）の巨額損害賠償を求め、ネバダ州の裁判所に提訴したという報道がある。

主流メディアのテレビ局はジャニー喜多川氏の性加害問題を相当に早い段階から知って

いたはずだから、これを黙殺していた責任は免れない。北公次氏が約35年前に実名告発したのと類似の「タレント合宿時にジャニー氏が気にいった新人のベッドの中に忍び込んできた」とか、「テレビ局のトイレに連れ込まれて被害を受けた」というテレビ局側の最近の調査による被害証言でも明らかにされている。

ＢＢＣ報道後に日本外国特派員協会などが主催した記者会見で、未成年時代に直接被害を受けたと告白する被害者の現在年齢は中年以上の方々が多く、被害者たちが長年にわたる沈黙を余儀なくされた「見えざる圧力」の実態が垣間見える。

なぜもっと早い段階でテレビや新聞は報道できなかったのか。テレビ各局はにわか作りの調査委員会で調査してはいるが、肝心の調査プロセスの方法や中身を公表していないから、どこまで被害の大きさ、深さの実態に届くかは定かではない。

クロスオーナーシップの弊害

ジャニー喜多川氏の出自は日系米国人で、戦後、ＧＨＱに通訳などで勤務後、芸能プロダクション会社を設立、男性アイドルタレントを育成してきた。若手男性歌手育成プロダクションの経営を始めたジャニー喜多川氏は「若い男の子」に強い性的欲望を持つ嗜好があった。その個人的嗜好を満たすためにジャニーズプロダクションを始めたのではないかという憶測も指摘されている。

彼が多数の著名なミュージシャンやタレントを育てた音楽業界への功績は大きいにせよ、多くの若い男性に性被害の苦痛を与え続けた負の側面、闇の側面は帳消しにはならない。彼の死後も、その人権侵害は忘却されることなく、弾劾され続けるだろう。

ジャニー喜多川氏が選別した、若い女性ファンが群がるタレントたちは、芸能界だけでなく日本の広告産業やメディア産業界のドル箱スターとなり、政府広報などでも重用されてきた。「ジャニタレ」に顔が利けば出演依頼はスムーズにゆき、番組視聴率が上がり、CMが稼げるので、業界は彼らに頭が上がらず「忖度」の幅は拡大していった。

一方、大新聞は男性の性被害に対する取材経験が乏しく、報道スタイルも確立していないことから、「下ネタ」と称して切り捨てた部分がある。さらに男性への性被害の法的規制の枠組みが曖昧で、取材や記事掲載上のトラブルが起こりかねないこの種の事件取材を記者たちが避け、敬遠していたのは確かだろう。

日本の大新聞社が民放キーテレビ局の親会社という仕組みは、「クロスオーナーシップ」（相互所有）として知られる。大新聞社には電波担当役員がいて、子会社の民放テレビ局と新聞の人事経営面の連携を深めてきた。地方に新テレビ局が出来るとき、自社の系列局に引っ張り込もうと旧郵政省（現総務省）など関係当局に働きかけ、傘下の新しいテレビ局獲得を画策する「波取り記者」がいた。

クロスオーナーシップ下の報道スタイルは報道機関の寡占となり、言論の自由と多様化を毀損するとして、欧米諸国は「マスメディアの集中排除原則」で禁止している。しかし日本型の電波行政システムは、独裁国なみのメディア垂直統合システムに近いとみなされている（政府が許認可を握る日本の電波、放送行政が、民主主義国ではなく言論の自由を妨げる独裁国の仕組みに類似する問題は、後述の第6章で詳述する）。

このため大新聞社の記者がかりに事件を知っていたとしても、自社系列のテレビ局が気にしているジャニーズの性被害問題を率先して報道することは考えにくく、新聞のほうでもこの疑惑に触れることはタブー視されていた。日本の大新聞はみな同じシステムの「護送船団方式」だから、タブーの横並びで「既得権益擁護のメディアスクラム」を組むのは当たり前のことだった。

日本の主流メディアの「ジャニーズ・タブー一斉解禁」への動きは、BBCの報道外圧によってやむなくスタートしたものと考えられる。

ペリー来航とアメリカの「人権外交」

「人権外交」をめぐる日本外圧史をひもとけば、幕末のペリー来航にさかのぼる。江戸時代には、まだ今のような巨大部数発行の近代的な活字新聞はなかったが、瓦版があった。江戸幕府はニュースが庶民へ拡散するのを禁止していたが、瓦版は「泰平の眠りをさます上喜撰　たった四杯で夜も眠れず」などの狂歌、川柳で日本開国を求める「黒船」の来航を伝えた。島崎藤村の『夜明け前』には木曽の山村にも黒船ニュースが伝わっていた記述がある。「黒船の外圧」は瞬く間に鎖国日本の津々浦々まで伝わっていたと言われる。[6]

4隻の軍艦を引き連れたペリー提督の軍事力の威嚇がなければ、明治維新の変革はなかった。しかし、忘れてはならないのは、日本開国を求めたペリーは「江戸幕府が士農工商の身分差別で庶民を支配し、日本国民の人権を毀損している。アメリカが野蛮な日本の文明化を求めるのは日本国民のため」とする国際的大義を掲げていたことだ。当時は鯨油を求める捕鯨産業の時代で、アメリカの捕鯨船がハワイから太平洋へと進出し、日本近海まで来ていた。アメリカの新聞は、日本が太平洋上で遭難したアメリカの捕鯨船員を保護もせず、犯罪者として捕らえて殺害している「野蛮な非人道的国家」として世界に発信した。こうした理由で、ペリーの黒船来航では「野蛮な日本の蒙をひらいて文明化する」というアメリカ側の大義が作られ、「アメリカの黒船による日本侵略」という国際的批判をかわすことができた。

そのターニングポイントには、ニューヨーク・タイムズが書いた「日本人による米人捕鯨船員に対する暴虐」とする記事がある。これがアメリカによる「人権外交」の起点である点に注目すべきである。日本では、黒船による開国要求という軍事的側面だけが強調されすぎているのだ。[7] ペリー来航以来このかた、太平洋戦争敗北に至った日本近代史の中身とは、「外圧外交」によってしか自分たちの国の姿、形を変えることができなかったという「宿痾」に行き着かざるを得ない。

人権意識のなさ、歴史的原点をひもとく

ＧＨＱ占領軍による軍事圧力下の指導のもと、戦前の国粋主義社会の圧政から国民が解放された革命的変化は起こったが、そこには最後に残された日本の保守勢力の変わらない牙城があった。それが「人権問題」だった。

明治維新以降、近代化した欧米の物質文明の側面は貪欲に取りいれたが、近代化という車の両輪となるヒューマニズム（人間性）の基礎となる「人権」に関しては、無意識なままに推移してきた。19世紀産業革命による欧米諸国の文明発展のシンボルの展示会として開催されたパリ万博（１８６７年）には、欧米諸国に交じって幕末の日本からは江戸幕府と薩摩藩、佐賀藩が参加した。日本政府の分裂した正統性が国際社会からは問われることになったが、フランスでは浮世絵の影響などでジャポニスムのブームが起こり、工芸品類の展示に交じって「日本茶屋」が展示され、「生身の芸者ガール」が人気を博したと言われる。芸者ガールや大道芸人の軽業師までが「日本品として展示された」という。そこには東洋の神秘やエキゾチシズムを煽りたい日本側の意図もあったと思われるが、明治維新前年の１８６７年、パリ万博の見世物にかりだされた柳橋の芸者や軽業師に対する「人権」への配慮はどのようになされていたのだろうか。封建社会の士農工商の縦社会身分制

度のもとで、身分の低い人間に人権など存在しなかったと言ってしまえばそれまでだが、明治、大正、昭和初期の軍国主義時代に至るまで、「庶民としての国民」には、欧米市民国家並みの自由や人権は存在していなかったと言える。

日本における「基本的人権の尊重」は、戦後発足した国際連合の国連憲章が定める一丁目一番地の基本理念として存在している。占領初期、ＧＨＱから指示された「Fundamental Human Rights」という英語の文言をどう翻訳していいか日本側は戸惑い、とりあえず「人間の基本的諸権利」などと訳した。これが新憲法に書き込まれ、「基本的人権」という用語に定着したとされる。[8]

「人権」とは、フランス市民革命後に制定された共和国憲法やアメリカの独立宣言にも起草され、合衆国独立憲法に書かれた基本理念の屋台骨として知られている。

明治維新の憲法は「天皇主権」を謳っていたが、戦後の新憲法は、「天皇は国民統合の象徴」で、初めて「国民主権」を謳った。実際、江戸封建時代は士農工商の厳格な身分社会の上下関係のもとに置かれていた日本大衆は、天皇主権の明治憲法下では「国民は天皇の赤子《せきし》」とされた。江戸時代の身分制社会から、明治維新で四民平等とはなったが、「人権」の理念は戦後に確立された。時代劇の人情ドラマ、非情な「お上社会」の悪を暴き、お上の情を見せる「遠山の金さん」や「水戸黄門」などの大衆文化の流行がこれを物語る。

明治憲法下で育った敗戦直後の政府要人は人権に馴染みがなかったのかもしれないが、

今や戦後憲法下で育った政治家たちが欧米のリーダーと肩をならべているはずなのに、いまだに「人権意識が低い」という話は、笑い話としても世界に通用する話でない。「人権どこ吹く風」とばかり、自由と人権の弾圧を繰り返している独裁国と日本は同じ国柄なのだろうか。

2024年、斎藤元彦兵庫県知事の「パワハラ騒動」が連日主要ニュースになったが、知事の記者会見を聴いていると、まさに「この政治家は人権意識をどこに置き忘れてきたのか」と思えてならない。高学歴で論理性のある話もできるのに、自分を正当化する論理の骨格に肝心の「人権意識」が欠落しているのである。「部下を死に追いやるほどのパワハラの凄惨さ」にまったく気づいていない。さらに、自らの法的正当性を主張しながら、公益通報制度が民主主義社会の組織の腐敗を防ぐこと、透明性の確保、通報者の人権を守ることがどれほど必要なことか、理解していないようだ。この事件は、上に立つ政治家の「人権意識の欠落」を象徴するサンプルと私はとらえた。

そう思っていたら、小泉進次郎氏の自民党総裁選出馬記者会見に参加していたフリーランス記者鈴木エイト氏が、「兵庫県知事による公益通報への対応が問題となっているが、総裁として内部通報に対して調査・検証するなど真摯に対応するか？　これまでの神奈川県連会長として対応してきたか？」と質問していた。小泉氏は「そこの取り組みを何ら緩めることはない」と前向きの回答はしていた。しかし「公益通報」という新しい仕組みに飛びついただけで、本当に彼は人権意識をアップデートしてモノを言っていたのだろうか。

兵庫県知事の事件をきっかけとして国民の間の議論を深め、公益通報者の人権を守り、公共的組織の腐敗を防ぐ仕組みを作る。さらに公益通報制度を知らない人々に積極的に告知することなどで、日本社会の人権意識を高めていかなければならない。

巨大メディアの人権意識を刷新せよ

戦後日本社会に強い影響力を持つ巨大メディアNHKや大新聞がもっと早く問題に気づいて報道していれば、被害がここまで広がることはなかったのは当然だ。NHKの担当部署や番組関係者の中には、民放と同様、ジャニーズ性加害の実態を知っていた局員が相当数いたと考えるのが自然である。問題発覚後、NHKは「ジャニーズタレントの出演を見送る」という声明を出しているが、視聴料を国民から徴収する公共放送NHKは、まずは「紅白歌合戦」とジャニーズの関係を率先して局内調査のうえ公表し、国民の疑惑に答える義務と責任がある。

またNHK出身という芸能界の大物タレントの中には、ジャニー喜多川氏の音楽界への貢献や仕事の業績を高く評価する人々がいて、性加害事件が発覚しても、事件に触れることなくジャニー喜多川氏と家族のような親交があったことをテレビで語る著名人がいた。家族同然に親交が深いというのに、私生活の場で繰り広げられていた青少年に対する喜多川氏の性加害をまったく知らなかったのだろうか。

ジャニーズの前社長藤島ジュリー景子氏は「ジャニー喜多川の性加害をまったく知らなかった」と記者会見で語っていたが、民放テレビ局のトイレで犯行に及んでいたというテレビ局側の証言が出ているのに、事件のカケラも知らなかったというのは、トップの発言として不自然すぎる。少なくとも噂や伝聞は聴き知っていたのではないかと推測するのが自然ではないか。

ここはみんなで「知らないことにしておこう」という「沈黙の合意」が広範に形成されていたような気がしてならない。知りつつ沈黙するのは、共犯関係に立つのと同じだ。

たとえ性加害があったとしても、才能や人格とは別だと言いたいのかもしれない。しかしそれは性加害の犯罪性を軽く見ている証拠だ。大新聞の腰が重かったのも、性加害を軽く見ていたからではないかという指摘が多数ある。

「沈黙するメディア」が行き着く果て

私が経験した一例を書いておく。男性への性加害ではないが、新人女性記者に対する某県知事によるセクハラ事件を相談されたことがある。新人研修のとき、特ダネをやるという会見の場（実は飲み屋）に先輩記者2人と共に出向いたN記者は知事の横に座らされた。特ダネ（私から見れば特ダネとは言えない内輪の自慢話だが）の話が始まると、知事は彼女の腰に手をまわしたり強く抱きついたりするセクハラ行為を繰り返したという。

　彼女はその時の会話の模様を自分の携帯に録音していた。その録音を聞くとかなり重度のセクハラ行為が行われていることを私は認識した。だが、2人もいた先輩記者は知事の悪行を止める気配はなかった。新人女性記者を犠牲にして、「ありがたく特ダネを頂戴した」のだろうか。酒席でのセクハラ行為は約1時間も続いたという。知事は「これから公邸へ来い」と言ったが、やっとの思いでその場を逃げたと彼女は語った。「悔しい」と訴え、「ホステス代わりに使われた」と泣きながら話した。

　事件を表にして記者として戦うよう勧め、私はすぐに知り合いの弁護士を手配した。しかし上司に訴えたものの、肝心の新聞社側が内々でことを済ますよう画策し、両親も沈黙するよう促したので、事件は表面化しないまま終わった。彼女の精神的なダメージは大きく、病院でPTSDの診断を受けて治療していたが、会社を辞めると言い、別の就職先を探していた。だがそのうち連絡がなくなり、その後社内で配置転換になった。

　研修中の新人女性記者の性被害に新聞社はどう対処するか、私は注目していたが、新聞社には、この問題で知事と戦う覚悟はなかったようだ。新人女性記者への性加害を軽く見ていたのだろうが、「知事からの正式な謝罪」もなければ、彼女の人権も守られていなかったと思う。新聞社は記者の人権も守れないのか。

　政治記者になることを夢見ていたN記者の希望を、その知事は打ち砕いたと思うが、報道などで見る限り、この知事はセクハラ事件によるペナルティを受けることなく再選を果たし、今も公職を続けている。

しかし、知事の性加害を軽く見るなら、その人権意識の低さも同時に問われることを、新聞社は知っておくべきである。相談を受けた私は新聞社の解決方法の人権毀損ぶりに呆然とした。

岩盤のような男性中心主義社会

全国紙記者の経験があるアカデミックジャーナリストの柴田優呼《ゆうこ》氏は「新聞社には岩盤のように強固な男性主義の壁がある。女性記者の意見が通らないため、性暴力問題を積極的に取り上げる動きも出てこなかった」と指摘する。

ただ、問題はそれだけではない。「新聞が社会のあり方を大きく変えていくような報道が明らかに減っている。松本人志氏の性加害疑惑にしても、結局、追及しているのはジャニーズ問題同様、「週刊文春」だ。……人権問題というより、またも芸能ゴシップのようにとらえているようにも見える」という。またニューヨーク・タイムズがハリウッドの著名プロデューサーだったハーヴェイ・ワインスタインが映画界で行った女優への連続性加害を女性記者が暴き、世界中を席捲する #MeToo 運動の先駆けになったことはよく知られているが、このような大スクープは、今の日本の大新聞からは生まれていないとも指摘する。

新聞社の男性中心主義の岩盤を突き破ろうと孤軍奮闘したが果たせず、会社を辞めた女性記者はたくさんいる。有能な人ほど辞めていくとも言われ、人材を失うことは読者を失うことでもある。新聞社が経営難と危機に陥っている原因の一端はここにあるのではないか。

新聞社に限らず、日本が男性中心主義の垂直統合型社会であることは、女性の地位をめぐる近年の世界諸統計指標が示す数字から見ても明白だ。なぜ改革が進まないのか。政府主導によるジェンダー格差解消、同一賃金、働き方改革などの法整備は進められてきたはずなのに、改革の実質が遅々として進まない。タテマエの法的整備とは「絵に描いた餅」にすぎなかったのか。

「岩盤のような男性主義」とは何か。元毎日新聞記者で、日本新聞労連委員長を務めたジャーナリスト吉永磨美氏は、「組織の中枢にいるマジョリティの男性たちが良いとする既得権益層の男の立場」で、働き方としては「24時間戦えること」が理想的と指摘している。しかし出産や育児のためそれができない記者にとっては、キャリアを阻害する要因でもある。[9]

これに対する男性記者側の表向きの弁明としては以下のような点がある。性被害事件を新聞は書きにくい。被害者に対する取材がやりにくい。捜査機関が動かなければ書けない。本人から事件の裏取りがどこまで得られるかわからない。取材にはプライバシーの侵害の危険があり、事実報道がしにくい。あえて書いた場合、被害者が推定されて二次被害が生まれる恐れがある、その責任をどう取るか。記事の適正な配慮ができるだろうか。性的暴行などの性被害は女性に対して男性が行うものという先入観があり、男性が被害者という認識は欠如していた――などである。このような見解は新聞の論説やテレビ解説でもしばしば繰り返されてきた。

しかしタテマエの裏にあるホンネを指摘すれば、新聞記事は「品位」を重んじ、読者に不快感を与える記事を避けたがる。「性加害」を「いたずら」と言い換えたりする。社内では「下半身ネタ」（下ネタ）と呼び、紙面に載せるのを嫌がるのである。性にまつわる事柄は、政治学をもじって「性事学」などと隠語を使っていたりするのだ。

「人権意識」のアップデートこそ必要

つまり、ジャニーズ事件を現代の人権問題ととらえられず、単なる「芸能ゴシップ」と軽くとらえた記者たちのニュース感覚に問題があった。時代の変化に追いつけず、旧態依然とした新聞社のアップデートができていないのだ。

先述したワインスタインの連続性加害事件を暴いたのは、「ニューヨーク・タイムズ」の女性記者たちだが、記事掲載に会社幹部や男性記者たちは全面協力したというし、同社の男性記者たちが「岩盤のような男性中心主義」に汚染されているという話は聞かない。

日本の新聞社に巣食う男性中心主義は、新聞社の「伝統文化」でもあり、凝り固まった前時代的な感覚の遅れこそが、複雑な現代社会の中で巧妙に隠蔽され、国際化した大事件や巨大権力犯罪を暴く「調査報道」を新聞から奪っている元凶ではないかと思う。

私が新聞社へ入社した1970年、初任地の地方支局へ赴任したとき支局長はニヤニヤしながら「24時間勤務」とこともなげに言った。新人を試そうとしているのかなと思った。まだ女性専用トイレもない絵に描いたような男社会だった。夜は共に外食したあと、支局内で仲間と麻雀したり、行きつけの飲み屋やスナックで過ごした。休日以外の単独行動や自分の時間はほとんど持てなかった。事件はいつ起こるかわからないので、突発事件に備える記者動員体制は毎日24時間ずっと続いていた。新聞社は労働基準法もプライバシーもない遅れた社会だった。

担当のサツ回りなどのルーティーンワークをこなしながら、支局長からは、役所の発表ネタばかり書くな、月に一、二度は本紙社会面に載るような特ダネを書けとも言われた。そうした激務をこなしているうちに慣れてきて、新聞のありかたに疑問を感じなくなったのを覚えている。「これではダメだ」と自分に言い聞かせた。

支局から本社へ転勤してからも、担当のルーティーンワークや企画記事に追われる毎日で、新聞の役割を考え、意見を言い合う場は職場にはなく、そのような話ができる上司に出会うこともなかった。ただ、そうした個人的悩みを打ち明けられる気の合う同僚や話ができる若干の先輩に出会えたことは、幸いだったと思っている。

男性中心主義の岩盤文化に汚染され尽くした新聞社では、女性記者だけがダメージを受けるのでなく、男性記者も岩盤中枢の考えに汚染され、それに合わせた記事を書くようになる。日本の新聞社は政治部や経済部などの中枢セクションから社長や幹部を輩出する仕組みだから、彼らの社論の眼鏡からはずれた「自由な記事」を書こうとすれば、せっかく書いた記事は掲載されなくなり、やがては記者職からはずされるかもしれない。ちょっと理屈っぽい長い記事を書くと「大作論文主義」と陰口をたたかれる。よほど実力のある記者でなければ生き残れなくなる。

欧米の新聞社はおおむね編集と経営が分離しているから、記者が「書く自由」を失うことはないが、日本の新聞社は人事異動によって記者としての職を失うことがある。

ロシアや中国のような独裁国の新聞やテレビは政府の監視下にあり、言論の自由はなく政権批判もできない。しかし日本のように言論の自由がある国でも、男性中心主義社会を特徴づける岩盤は堅固なイデオロギーと同じだ。

「大東亜戦争の失敗」の教訓から、戦後憲法には「言論の自由」が書き込まれ、政府や軍部と癒着《ゆちやく》して大本営化した新聞の間違いが無謀な戦争に加担した反省から、新聞には100%の言論の自由が与えられ、新聞の監督官庁はなくなった。しかし、新聞は「有り余る自由」を手中にしながら、読者・国民のためにそれを使うのでなく、逆に自らの「書く自由」を制限し、「書かない自由」と「沈黙」を謳歌しているのではないか。日本の新聞界には、世界に類例のない「時代錯誤の逆転現象」が起こっているのではないだろうか。

アメリカでは、ニクソン政権を追い詰めた「ワシントン・ポスト」記者2人によるウォーターゲート事件追跡のように、記者がコツコツとディテールのファクトを集める取材を重ねて大統領の犯罪の全貌に迫り、独自のスクープ記事をものにする調査報道の伝統がある。日本の新聞にはこれがない。

政界の腐敗を追及する場合、日本の新聞には、警察や検察が動かなければ事件として書けないという制約がある。記者がいくら調べて資料を集めても、警察や検察が動くか、犯罪事実を認知しなければ記事にできない。それなしに記事を書けば、逆に名誉棄損などで訴えられてしまう。ジャニー喜多川氏が「週刊文春」を訴えた逆訴訟も同様の構図である。自民党裏金事件も検察が動くことで本格的な報道が始まった。噂や関係者の告発だけではなかなか記事には書きにくい。アメリカのように、主流メディアが自己責任で調査報道の記事を書く伝統は日本にはない。

ジャニーズ問題のように隠された性被害犯罪が表面化しにくいのは、政府や行政、司法などの権威筋の情報に依存しすぎる新聞の弱点であるのは確かだ。しかし新聞は、警察が捜査しないことを批判するキャンペーンを張ろうとはしなかった。この状態は今も変わっていない。「警察、検察を動かす力はないし、その気もないのでは」「発表ジャーナリズムに堕した結果だと思う」と前出の柴田氏は言っている。

「夜明け前」を彷徨う人権意識の遅れ

男性の性被害を軽視していたメディアの覚醒を促し、被害を食い止めるには何が必要か。警察や検察がすぐ動けるような立法措置が必要だろう。被害者たちもそうした思いを共有している。

立憲民主党の国会調査会に出席した二本樹《にほんぎ》顕理《あきまさ》氏は、「死にたいと思う日々があった」と精神的被害を訴え、超党派での児童虐待防止法案の立法措置を呼びかけた。[10]「ジャニーズ性加害問題当事者の会」副会長の石丸志門氏も立法化を呼びかけ、内閣府担当者に「国の注視」を要請した。担当者は「適切に対応する」と答えたが、立法化の明言は避けたという。[11]

また橋田康氏は日本外国特派員協会で記者会見し、児童虐待防止法の改正を訴え、署名運動を行うと発表した。橋田氏は、2023年4月12日に初めて日本外国特派員協会で実名記者会見したカウアン・オカモト氏に続き2番目に実名会見をしている。被害者たちの人権問題を重視してリーダーシップを取る2人が、記者会見を「日本外国特派員協会」で行っていることは、人権問題の外圧化を知る上で、大いに注目すべき点である。

ジャニーズ側の被害者救済はすでに始まっているが、被害の全貌がわからず、解決に至る道筋も見えないまま事態は進行している。そんな中、「ジャニー喜多川氏以外のジャニーズ関係者からも性被害を受けた」とする新たな被害をBBCが伝えた。この報道内容の真相をめぐり、BBC側とジャニーズ側の見解の相違とするバトルが繰り広げられ、不透明な事態はなお続いている。

日本のメディアの「人権意識の遅れ」はどのように変化し改革されるのか、海外の報道にリードされるまま、未だに「夜明け前」を彷徨っているのが現実だ。

危機に瀕する「報道倫理」

書くべきことは書かず、報道しなくてもいいことをあえて独自ネタと報道し、プライバシーを侵害した巨大テレビ局の問題も起こった。視聴率を稼ぐために「禁断の独自ネタ」を追い求めたフジテレビと日本テレビの事例だ。

大リーグ大谷翔平選手をめぐって加熱する報道合戦が繰り広げられる中、上空写真や近隣住民への取材もまじえて、詳細に新居の自宅が晒されただけでなく、ハワイの別荘購入についても、場所や価格、周辺環境が競って報道された。アメリカではセレブの自宅に強盗が押し入ったり、家族が誘拐されて身代金を要求されるなどの凶悪犯罪がしばしば起こっており、自宅の公開は家族の安全を脅かす危険な行為とみなされる。それなのに、日本のテレビ2局は大谷選手への断りもなく、いとも軽々とそれをやってのけた。

だが、「メディアが追い求める「独自記事」は読者や視聴者ニーズともかけ離れ、時代にそぐわなくなっている」と田中充氏（尚美学園大学スポーツマネジメント学部准教授）は指摘している。[12] 新聞やテレビは、読者や視聴者が求める記事や番組へのニーズを理解できておらず、自分たちの思い込みで「独自ネタ」を押しつけているに過ぎない。その独自ネタを取るために、たとえ先方のプライバシーや人権を侵害してもかまわないと考えているとしか思えない。時代の流れにそぐわない、遅れた人権意識を引きずったメディアの姿がそこにある。読者・視聴者から見放されても仕方がない。

スポーツライターの丹羽政善《にわまさよし》氏は、プライバシーに踏み込む危うい構図を「報道倫理の危機」と警鐘を鳴らしている。[13] 丹羽氏によれば、「米FOXスポーツは2022年8月、大リーグ・大谷翔平の特別番組（Searching for Shohei　邦題「翔平を追いかけて」）を制作するにあたり、日本でも取材を行った。その撮影に関わって驚いたのは、米テレビ局の個人情報に対する意識の高さだった。インタビューした人はもちろん、カメラに映った人すべてから出演許諾を取らなくてはならず、それがなければそのシーンが使えないということもあった。特に小さな子どもの場合は親の許可が必要で、その確認作業が放送直前まで続いたのである[14]」。

大谷選手の私邸購入の報道は、2024年5月22日付の地元紙ロサンゼルス・タイムスの報道を引用する形で、日本の新聞やテレビが報道したが、同紙の記事は地域や部屋数、上空からの写真などが紹介されており、かなり詳細なものだったという。米国では不動産情報が公開されているので、「調べてみると、記事を書いたのはスポーツ担当記者ではなく、不動産担当記者だった」と丹羽氏は指摘している。しかもこの種の記事は、アメリカのスポーツ専門記者なら誰も書かないような危ういプライバシーの内容を含んでいたともいう。

大谷選手はアメリカでも人気が高く、マスコミの注目度は高い。アメリカの他の新聞やテレビ報道も、ロサンゼルス・タイムスの報道を引用したものが多かったというが、プライバシー侵害にならないよう、私邸が特定されるのを避けるなど、報道への配慮がなされていたという。

これに対して、「一部の日本のテレビ局が、実際に現地までいき、大谷が購入した家の外観を映してしまったという。それは、米テレビ局で働く知人からの連絡で知った。大丈夫か？　ゴシップサイトやパパラッチならやるかもしれないが、プライバシーの侵害だと訴えられてもおかしくない」と丹羽氏は指摘している。

独自取材した日本のテレビ局側は、ロサンゼルス・タイムスにも記事が出ているではないかと言うかもしれないが、メディアのプライバシー侵害は1件ごとの個別事案だから、「同様の記事が米紙にも出ている」というのは、免罪符にはならないだろう。

他者のプライバシー侵害に無頓着な日本のメディアは、人権意識が低すぎる。ジャニーズ性加害問題や、第5章で詳述する「駆け込み寺」化した日本外国特派員協会での性被害者記者会見の頻発などと、同じ根っこを持った事件と私は考えている。大谷選手の怒りも同様だろう。相手がメディアであれ、不当に人権を侵害されれば怒るのは、人間として当たり前のことだ。

「自宅を無断で晒され、豪邸売却、引っ越しに至った大谷選手の怒り」を伝える記事がネット上でも報じられている。２０２５年に日本で企画されているドジャース開幕戦にも影響が出る可能性があるとの指摘もある。

「パパラッチ」と言えば、ダイアナ元妃事故を思い出す

大谷選手の私邸を晒した日本のテレビ局の取材行為を、丹羽氏は「大丈夫か？　ゴシップサイトやパパラッチならやるかもしれない」と書いている。

「パパラッチ」と言えば思い出す事件がある。１９９７年8月31日、私がパリ滞在中にダイアナ元英国妃が交通事故死した事件だ。ダイアナ元妃が乗車した車が、パリ中心部のアルマ橋の下のトンネルで衝突事故を起こし、乗っていたダイアナ元妃と恋人のエジプト大富豪の息子のアルファイド氏、運転手の3人が死亡した悲劇的な交通事故だった。

パリの中心部、ダイアナ元妃のきらびやかな宿泊ホテルには大勢のパパラッチがたむろし、ダイアナ元妃と恋人のツーショット写真を狙っていた。ダイアナ元妃がホテルを出る

と、パパラッチたちはオートバイでダイアナ元妃の車を追跡、逃れようとする元妃の車は猛スピードでアルマ橋のトンネル内に入り、制御を失って壁面に激突、ダイアナ元妃は亡くなった。

事件に衝撃を受けた欧米のマスコミと世論は、「パパラッチの追跡がダイアナ元妃の車の事故を誘発し、元妃の命を奪った」とパパラッチの無謀な取材を糾弾した。ちなみに「パパラッチ」とは、フェデリコ・フェリーニ監督が映画「甘い生活」で描いた「追っても追っても群がってくるハエのような連中」という意味の造語から使われるようになったと言われる。

この時、「ダイアナ元妃の事故死はパパラッチのせい」というメディアと世論の図式ができあがってしまった。パリ警視庁の調べでは、事故の直接原因は、運転手が服用した鎮静剤の副作用でベンツ車の制御が不可能になったためというが、死人に口なしで、「パパラッチ糾弾」はやむことはなかった。

バカンス明けのパリには世界中のマスコミが押し寄せ、アルマ橋は「世界の悲しみの坩堝」と化した。滅多にスキャンダル記事を書かない高級紙ル・モンドも、連日紙面を大きく割いて報道し、パリっ子を驚かせた。

こうして欧米を席捲したダイアナ事故報道の嵐は、「メディアと花束」を大量に消費し、ロンドンでは花と印刷用紙が底をついたと言われた。事故のあったアルマ橋現場を訪れると、花束に添えられた「ストップ・ザ・プレス」の落書きで埋まっていた。プレスが「大衆の憎悪の的」になったのだ。

ダイアナ元妃の弟スペンサー氏は「彼女はいつかプレスに殺されると思っていた」との談話を発表し、事故の直前、ダイアナ元妃自身が「イギリスのプレスは野蛮」とル・モンドのインタビューに語っていたという。[15]

イギリスのタブロイド紙は王室のスキャンダルを書いて金を稼いできた伝統があり、ダイアナ元妃の場合も、離婚問題やアラブ系の新しい恋人をめぐるスキャンダルでタブロイド紙のスクープ競争が過熱し、ダイアナ元妃を悩ませていた。そんなダイアナ元妃は恋人とパリ逃避行を試みたが、そこにも「1枚の売れる特ダネ写真」を得るために、パパラッチが群がってついて来たのだ。

「日本のパパラッチ」とは何者か

当時、ル・モンドが「世界のパパラッチ特集」を組んだのを読んだが、記事の中に「日本のパパラッチ」に触れた部分があった。それによると、「日本では一般紙もパパラッチと同じスキャンダル報道をする」ということだった。「欧米のパパラッチは権力者や強者のスキャンダルを狙うが、日本のメディアは権力者や強者には従順で、市井の民や弱者を叩くパパラッチ報道を一般紙までがやっている」という内容だった。

欧米のパパラッチの中には、王室やセレブのスキャンダル写真やゴシップ記事を売って得た金で、一般紙の記者たちが避けたがる戦争取材や日の当たらない辺境地帯の取材に出かけて、マトモなヒューマンドキュメントや秘境ルポルタージュを目指すフリーランス記者がいると聞いていたが、ル・モンドの記事を読むと、日本のパパラッチはそれとは違うようだ。

日本の一般紙がフランスの高級紙からそのように見られていたことを、その時初めて知った。新聞記者だった私は愕然としたことを覚えている。以後、「日本の新聞がなぜパパラッチなのか」、その理由を考え続けている。

大谷選手の新居の豪邸晒しで「独自ネタ」を取り、視聴率を上げようとした巨大テレビ局の仕業が、大谷選手を激怒させた事件は、日本のメディアのパパラッチ的ありさまと報道倫理の危機を、期せずして世界に知らしめることになった。

書くべきことを書かず、書かなくてもいいことを書く。日本の主流の大新聞や巨大テレビ局の報道理念のありかた、間違いを、改めて検証する必要を痛感した。

第2章　関西の闇

――松本人志問題、宝塚歌劇団いじめ事件

松本人志問題と大阪・関西万博大使

吉本興業所属のお笑いタレント、ダウンタウンの松本人志氏は、関西芸能界とテレビ界の大スターだった。

その松本氏に、「性的行為を強いられた」とするスキャンダル記事が「週刊文春」（2023年12月27日号）に掲載された。すぐさま松本氏はこれを全面否定、翌年1月8日、逆に文藝春秋社と編集長に対して、名誉棄損と5億5000万円の損害賠償を求め、東京地裁に提訴。「事実無根なので闘いまーす」と、X（旧ツイッター）に投稿するなどして、意気軒高なところを見せた。

文春側は、「記事には自信をもっている。萎縮することなく、今後も報じるべき事柄があれば、これまで通り報じます」と動ずることはなかった。後続の特集記事で、性的被害に遭ったとする女性たちの生々しい新証言を集めた「文春砲」が放たれていった。

世論の批判を浴び、松本氏は「裁判に注力する」という理由で、芸能活動やテレビ出演などの休止を宣言することになった。

2024年3月、裁判の第1回口頭弁論が開かれたが、松本氏は出廷しなかった。

しかし、2024年11月8日、松本氏は急転直下、「訴えを取り下げる」ことを発表した。Xでは強気な発言を繰り返していただけに、なんともあっけない闘いの幕切れになった。

Xでは、「松本氏が白旗を掲げたように見える」との投稿をかなり見たが、松本氏が求めた被害証言の証拠は見つかっていないという弁護側の主張があった。しかし文春側は松本氏側の「訴え取り下げに同意」した。これによって裁判は終結した。

この間に、「金銭の授受は生じていない」という双方の同意事項が付け加えられていたが、これは重要な点である。

被害女性は、「被害のことを忘れた日はない。屈辱的な気持ちだった」。松本さんを見るたびに当時を思い出す。文春に訴えた理由は、「なかったことにしたくなかった。泣き寝入りせず、訴えることが使命だと思った。記事にある私の証言は事実」と朝日新聞記者のインタビューに語っている。[1]

しかし文春の記事が出て身元や自宅が特定され、部屋に誰か入ってくるのではと不安になり、護身のため寝るときや入浴の時、包丁をそばにおいていたと明かしている。松本氏は訴訟で「自分が被害者のような言いぶりで違和感を覚えた。性加害をしたと認める気も、反省する気もないと感じた。憤りしかない」と言っている。

これが万博大使でいいのか、中学生が提起した素朴な疑問

松本氏の裁判では、あくまで「性加害の事実認定」が問題で、そのほかの芸能活動が問

題にされることはなかった。しかし、日本中学生新聞の中学生記者がその点を突いた。記事にはこうある。

２０２４年３月17日（開催まで３９２日）

あべのハルカス近鉄本店「２０２５大阪・関西万博オフィシャルストア」の映像観覧スペースにて、アンバサダー紹介の動画が流れ、ダウンタウンの名前と映像が流れるのを目にして驚いた。２０２３年12月27日、週刊文春の記事に、ダウンタウンの松本人志氏が女性に性的行為を強要したと報道され、松本氏は、２０２４年１月８日に芸能活動を休止。これにより当然アンバサダーとしての活動も休止していると思っていたからだ。

その場で、大阪・関西万博公式ホームページでアンバサダー紹介のページを開くと、ダウンタウンの紹介とメッセージが掲載されていたが、オフィシャルストアで流れていた動画と、ダウンタウンの動画は「この動画は非公開です」と表記され全く観ることができない。[2]

疑問を持った中学生新聞の記者が万博協会のコンタクトセンターに電話で問い合わせると有料のナビダイヤルにつながった。

そこで以下のような質問をした。

万博アンバサダーの松本人志さんは芸能活動休止中だが、万博アンバサダーの活動は休止しているのか。日本国際万博協会への問い合わせ通話が有料なのはなぜか——など６項目だった。

松本人志氏にかんしては「今後のアンバサダーの活動は特に予定はない。これ以上のことは現在裁判をされている事案でもあり回答は差し控える」との趣旨の回答があった。

こうした曖昧な回答ですら、「数回にわけて出してくる」用心深さだったようだ。

しかし取材の翌日から、配信が止まっていた動画が再生されるようになったという。電話の問い合わせで修正したのだろうか。「(松本氏の) 裁判中を理由に回答を差し控えている万博協会だが、ホームページのアンバサダー紹介には名前を残し、動画の再生ができるのは、「現在活動中である」という位置づけなのか」と、中学生記者は鋭い指摘をしている。確かに、釈然としないのはこの中学生記者だけではあるまい。

ダウンタウン松本人志氏は２０１７年、大阪・関西万博の顔として「万博アンバサダー」に就任し、万博を盛り上げる広報やプロモーションに関与したが、果たして性加害問題の渦中の人物が日本を代表する「万博アンバサダー」としての適格性が問われるのは当然だ。中学生がこのことを問題視しているのに、松本氏側も松本氏を擁護する吉本興業も、この点に思いは至らなかったのだろうか。

また松本氏に対する新聞やテレビ報道は、中学生新聞記者が発した疑問とは程遠い認識を示していたように見える。「松本さんと女性側が番組内で直接対話するということがあるならば、こちらとしてもぜひ放送したい」と、大橋善光読売テレビ社長は発言したとスポーツニッポンが伝えている。「これがテレビの人権意識の現在地」と、アカデミックジャーナリストの柴田優呼氏はXに投稿している。「女性側は、強制的に性行為をさせられ、PTSDで顔を見るだけで苦痛だと訴えているのに？　驚愕の発言&発想」と柴田氏は指摘した。

大橋氏が語ったとされる内容は修正されてはいるが、性加害問題に対するこうした思考回路がマスコミ界に巣食っていることは、容易に想像できる。まさに人権問題に無関心な主流日本メディアのサンプルのような発言で、「視聴率狙いのマインド」が見え透いている。中学生記者が大橋氏の発言を知ったらどう思うだろうか。

中学生記者は吉村大阪府知事の以下の談話を、記事中でこう引用している。

吉村大阪府知事は、「事実無根で裁判で争う、裁判の期間中は芸能活動を休止されるということですから、その間はアンバサダーは当然、活動されない。休止になると思います」と自身の意見を述べた後、「博覧会協会等からは連絡は受けていない。博覧会協会と吉本興業との協議になるかと思う。博覧会協会からはまだ吉本とは話していませんという報告を受けていますので、正式に決まったものがあるわけではありません」と述べた。

政治家の言葉は複雑でわかりにくい。責任のたらい回しのようなコメント内容で、大阪・関西万博の運営に責任があるはずの吉村知事（万博協会副会長）のこうした言葉は、中学生の心に届くだろうか。

また松本氏が訴えを取り下げたことで、芸能界への年明け復帰が取り沙汰されている。所属事務所の吉本興業は「活動再開につきましては、関係各所と相談の上、決まり次第、お知らせさせていただきます」とホームページ上で前向きな考えを示した。世論はと言えば、Xで非営利団体が主宰する「松本人志復帰反対オンライン署名活動」があり、4万人以上の賛同を集めているという。

吉本や維新の会と持ちつ持たれつの関係で、「吉本と維新に甘い」と言われる関西のテレビ各局は、松本氏の事件報道も控え目だった。私が確認した印象では、東京のテレビ局のほうがワイドショーでも積極的に報道していた。

裁判終結とともに、関西のテレビでは番組復帰の可能性に言及する局があった。「裁判が終わったので禊《みそぎ》が済んだ」と思っているのだろうか。性行為を強要した直接の証拠が出てこなかっただけで、性加害疑惑がなくなったわけではない。もし証拠が出てくれば犯罪になる。

　松本氏の万博大使の活動について聞かれた経団連の十倉雅和会長は、「現時点で活動予定はない」と述べ、ダウンタウンとしていつから芸能活動を再開するといった情報がないため「コメントのしようがない」と語ったが、[3]これは「松本氏のアンバサダー継続は難しい」のではなく、「復帰することが決まればアンバサダーを続ける可能性を残している」という意味のコメントなのか。この疑惑は日本政府も注目するところとなり、官房長官や経産相がコメントを出す騒ぎにもなった。

「週刊文春」などによれば、松本人志氏のパーティに女性たちを招いたのは、松本氏の配下にある芸人仲間たちと言われており、パーティの目的とは違う場所に連れて行かれたり、気が付くと部屋の中には松本氏と女性だけが残されたなどの状況証言がある。また松本氏は女性の職業や好みを語っていたともいう。一般女性が果たして自分の意志で「自由で任意の性的なパーティ」に参加するだろうか。まったくの冤罪ではなく、女性をまじえた男女の密室の中で、性加害の疑念を持たれても仕方ない状況が存在したことは、「週刊文春」の数々の特集記事に掲載された被害女性たちの告白を読めばわかる。

1970年万博との比較——2025年万博の倫理的、経済的意義が問われている

　1970年の大阪万博では、理念をめぐる深い論議が行われ、テーマ委員会の桑原武夫

（京都大学名誉教授）、梅棹忠夫（民族学者）、小松左京（作家）などの学者、有識者によって「人類の進歩と調和」という開催理念が起草され、「世界の英知を集めて人類社会の問題解決をはかる」という高い理想が掲げられた。岡本太郎の常識を破った「太陽の塔」のシンボルは世界の人々を驚かせ、アメリカ館が展示した「月の石」には見学する子供たちが列をなして群がった。世界77か国が参加し、6400万人を超える見学者を集めた巨大万博だった。

1970年万博の基本理念が高い理想を掲げていたのだから、今回の万博でも、新しいイメージを世界発信する万博アンバサダーの役割は極めて重いものがある。万博大使のちょっとした言動や評判が世界に拡散され、世界における日本文化のありかた、イメージが問われるのだ。だからこそ、今回の松本氏のこうしたスキャンダルの拡散はタブーなのだ。その意味で、吉村知事の発言も問題の深刻さを理解していないというべきだろう。

中学生新聞の記者は、万博大使に任命されている松本氏の性加害スキャンダルにさぞ驚いたことだろう。実際に取材してみて、理解できない問題を整理して新聞記事にしたのだろう。

1970年万博のときは、跡地に国立民族学博物館ができて梅棹忠夫氏が館長になり、内外の学術教育の進歩に貢献したが、2025年万博の跡地にはカジノなどの娯楽施設（IR）ができるという。だが、カジノ施設の教育的、社会的負の影響がどう出るか、まったく未知数である。

さらに周知のとおり、大阪・関西万博は当初の予算の2倍の経費を費やし、「金食い虫」の批判を受けている。

主宰する日本万博協会は、「これまでの会場建設費1850億円をはるかに超える2350億円くらいに増える見込み」と、国、大阪府、大阪市、経済界に伝えている。国民の税負担はさらに厳しさを増すことになる。

中学生記者が協会への問い合わせでかかった電話が、有料のナビダイヤルというのも釈然としない。万博は公共の催しで莫大な予算を費やしているのに、問い合わせの電話料金をケチって有料にする仕組みも理解できない。また産業廃棄物を埋め立てた夢洲《ゆめしま》の地盤には水が溜まりやすい、地下にはメタンガスが溜まっていて、爆発事故も起こっている。国内外の大勢の観客や子供たちが見学にくる会場の安全性は担保されているのだろうか。

世界で問題化する、隠された性加害事件

透明性や品位が問われる組織のリーダーや役職者による、隠された性加害事件への関与は、世界的に問題視される時代になっている。この種の問題はローマ法王庁でも、イギリス王室でも起こっている。アメリカでは未成年少女を巻き込む性的な秘密組織が暴かれたジェフリー・エプスタインの事件がある。離島の別荘で繰り広げられた秘密クラブのパー

ティ客名簿には、富豪のビル・ゲイツ氏や大統領経験者、イギリス王室のアンドリュー王子など世界のセレブたちの名があった。王子は王室の資格を事実上剝奪され、ビル・ゲイツ氏はそれまで築いてきた名声を落としてしまった。

事件の首謀者だったエプスタインは「未成年少女への性的虐待、人身売買」の容疑で逮捕・起訴され有罪となり、収監中の刑務所で死亡した。エプスタインの恋人ギレーヌ・マクスウェルはイギリスの大新聞オーナーの娘で大富豪だったが、事件の共犯者として訴追され、有罪判決を受けて禁固20年の刑で収監されている。欧米では、この種の性加害事件は「人身売買」とみなされ、重罪を科されるようになっているのだ。

松本人志氏の事件では、「金銭のやりとりはなかった」と双方の弁護士が語っているので、そのとおりであれば、背後で金が動いていた「人身売買」のエプスタイン事件とは異なるが、「若い女性との性的なやりとり」を目的にしたとみなされる「密室パーティ」の背景は似ていると言わざるを得ない。

「週刊文春」の記事には「SEX上納」という言葉が出てくる。[4] 女性をアテンドした後輩芸人が、「SEX上納システムはなかった、単なる飲み会だった」と主張したのに対し、部屋で松本氏と2人きりになったとき、「俺の子供産めや」と迫られたと被害女性は告白している。大阪や東京、福岡、沖縄で「性接待を含む飲み会について、多くの女性たちの証言がある」と同誌は書いている。[5] しかし松本氏が訴えを取り下げた結果、裁判で明らかにされるはずだった事実関係が実際にどうだったかは、藪の中になった。

　しかも訴えを取り下げた松本氏の復帰ばかりが話題の中心になる日本のマスコミだが、「被害女性たちの侵害された人権は回復されるのか」を問う視点が欠如している。本書の中心テーマとして指摘してきた日本のメディアの人権意識の低さは、日本のジャーナリズムの「最大の欠陥」であることを、国民もメディア側も早く気が付く必要がある。「失われた30年」で失われたものは、「賃金と経済の伸び」だけではなく、「人権意識の喪失」でもあったのだ。

　このままでは、疑問を投げかけた中学生新聞記者の問いに、大人たちはマトモに答えることはできないだろう。

「清く正しく美しく」の宝塚の崩壊

　宝塚は、関西の優雅で富裕な上流階級のシンボルのような存在だった。宝塚音楽学校は上流階級のスターを目指す女子の憧れの学校で、入学試験は何十倍もの競争率を誇る超難関学校だ。

　その宝塚音楽学校の入学希望者が減少したという。原因は宝塚歌劇団の中の凄惨なイジメの構造が表明化したことだ。

　2023年9月30日、宝塚歌劇団の有愛《ありあ》きいさん（25）が自宅マンションの最上階から飛び降りた。自殺と見られている。彼女を自殺に追い込んだ背景に、上級生たちの凄惨なイジメがあったことが明らかになった。自殺の前日、「精神的に崩壊している……」と母親に話していたことを「週刊文春」が伝えている。[6] 京都出身の彼女は、トップの娘役になることを夢見て日夜厳しい練習に励んでいた。

有愛さんの飛び降り自殺の前、「週刊文春」は宝塚のイジメ問題を報じた。宝塚側は「事実無根」として放置していた。有愛さんは「マインドが足りない」「嘘つき野郎」「文春なんてどうでもいい」と先輩から罵声を浴びせられ、自ら死を選んだと同誌の記事は書いている。[7]

実は宝塚歌劇団員の自殺未遂事件は過去にも起こっていた。２０１８年、予科生が寮のバルコニーから身を投げたのだ。それにもかかわらず、「内部関係者の証言によって炙り出されたのは、壮絶イジメの実態ばかりで、それらを隠蔽し続けた劇団の膿だった」と同誌は指摘している。

２０２３年11月10日、遺族側代理人弁護士が東京都内で記者会見、「死亡の原因は、月２５０時間を超える長時間の時間外労働や複数の上級生による暴言などのパワーハラスメントにあった」とし、歌劇団と劇団を運営する阪急電鉄に対して「事実に基づく謝罪と適切な補償を求めていく」と訴えた。[8]

パワハラの実態についてＬＩＮＥの記録などから確認したところ、ヘアアイロンを額に当てられ、やけどを負ったこともあったという。このことを「週刊文春」が2024年2月に報道すると、上級生から詰問されたうえ、女性から事情を聞いた劇団側は事実無根と発表した。亡くなる直前は頻繁に呼び出され、「『下級生の失敗は、全てあんたのせいや』「マインドがないのか」「うそつき野郎」などの暴言を受けた」という。遺族は「娘を極度の過労状態におきながら、見て見ぬふりをしてきた劇団が責任を認め謝罪することを求める」としている。[9]

「何を守ろうとしたのか」元タカラジェンヌの証言

元宝塚歌劇団員の東小雪《ひがしこゆき》氏は自分が団員時代に経験したイジメについて、「沈黙を破ってはどうでしょうか？　そこにあったのは、本当に厳しい指導だけでしたか？　よく語られる宝塚〝愛〟とは、いったい何を指してるのでしょう」と自身のブログで以下のような証言をしている。

「いつの時代もどこの組でもあることなんです。宝塚の体制が、構造そのものが、問題なんです。長時間労働もパワハラも、〝厳しい上下関係〟の中での当たり前の日常なので、「〝いじめ〟はなかった」と報告されるのでしょう。……パワハラもセクハラもあったのです。暴力を振るってはいけないし、暴力にあっていい人はいません。ご遺族の方の訴えを拝読して、どれほど、どのように追い詰められていったのか、よくわかりました。私もそうだったけど耐えたから、宝塚はそういう伝統だから、その人がたまたま心が弱かったから、ではすまされません。人が死ぬほど追い詰めるような「厳しい指導」や「伝統」や「愛」の在り方はおかしいと、匿名でもいいから、沈黙を破ってほしいと思います。本当はみんな、知っているのです」と以下のように呼びかけている。「ほとぼりがさめたら、同じことが繰り返されるのを見たいですか？　加害の片棒を担ぎ続けるのは何故ですか？そうまでして、守っているのはなんですか？[10]」。

現在、東小雪氏は公認心理師、人権問題のアクティビストとして、全国各地でLGBTや女性の生き方、自殺対策などの講演会や企業研修などを行っている。東氏はテレビや新聞では伝えるのに限りがあるとして、より深く語れるネットラジオなどに出演している。

ジャニーズ事件がニュースの渦中にあるなか、宝塚歌劇団の若手団員が先輩からのイジメを苦に自殺したという事件は、ジャニーズの性加害事件とは別の意味で、衝撃的だった。若い女性たちが憧れる宝塚歌劇団は、戦前からの伝統を誇り、女性たちだけで作る舞台芸能として広く認知されてきた。「清く正しく美しく」という宝塚の看板理念が揺らぐことはなかった。女性だけでなく男性ファンも多く、男役、女役が演じる「夢の園」の歌劇を楽しんだ。

宝塚事件の背景には、ジャニーズ問題と同じ「人権意識が欠落した日本型垂直統合組織の闇」が見えてくる。「清く正しく美しく」のキャッチフレーズに覆われた「女の園」の闇は相当に深く、歴史的に続いてきた。しかし世間の目からも、メディア報道の視点からもまったく隔絶されたものだった。この事件で、実は恐ろしいほどの「イジメがはびこる闇社会」だったことが判明したのだ。

当初、宝塚側はこの事件を否定していたが、文春砲の追撃や他の諸メディア、世論の批判の高まりを受けて、親会社の阪急電鉄と宝塚歌劇団は事実関係を認め、2024年3月28日付で以下のような謝罪と再発防止策に関する声明をホームページに掲載した。

宝塚歌劇団宙組劇団員の逝去に関するご遺族との合意書締結のご報告　並びに再発防止に向けた取組について

このたびの宝塚歌劇団宙組劇団員の逝去を受け、ご遺族の皆様には心よりお詫び申し上げます。（中略）阪急阪神HD並びに阪急電鉄及び劇団は、外部弁護士からなる調査チームの調査報告書の内容のみにとどまらず、ご遺族代理人から提出された意見書の内容を踏まえ、代理人を通じてご遺族との協議を重ねた結果、亡くなられた劇団員（略）に対し、長時間の活動を余儀なくさせ過重な負担を生じさせたこと、及び、劇団内において、厚生労働省指針（略）が示す「職場におけるパワーハラスメント」に該当する様々な行為を行ったことによって、被災者に多大な心理的負荷を与えたことを認めるとともに、劇団が経営陣の怠慢（現場における活動への無理解や無配慮等）

によって長年にわたり劇団員に様々な負担を強いるような運営を続けてきたことがかかる事態を引き起こしたものであって、全ての責任が劇団にあることを認め、かつ、被災者に対する安全配慮義務違反があったことを認めました。合意書調印の席には、阪急阪神HD代表取締役会長グループCEO角和夫をはじめとする関係者が出席し、ご遺族に対し謝罪を申し上げ、本件と同様の事態を二度と生じさせないよう、健康な職場をつくるために全力を尽くすことをお誓いいたしました。

あらためて、亡くなられた劇団員のご冥福をお祈りするとともに、ご遺族には心よりお詫び申し上げます。[11]（以下略）

宝塚経営陣は、凄惨なイジメにより追い込まれた団員の自殺事件を認めて謝罪、遺族に対する慰謝料の支払いを約束した。しかしそれで事件が解決したわけではない。喉元過ぎれば熱さ忘れるのが日本社会の特質でもある。今は謝罪しているが、本当に事件の再発を防ぐことができるのか、長い目で見なければわからない。まだまだ未知数である。

ここで思いあたるのは報道のありかただ。一連のジャニーズ性被害問題も長い間隠蔽されていた。事件の全容が世間に暴露されたときには、加害者はもう世を去っていた。宝塚も同様なのではないか。

「宝塚の虚像」を作り上げたマスコミの責任

新聞各社には宝塚担当記者がいる。私が勤めていた新聞社では、年配の編集委員が芸能欄に宝塚の記事を独占的に書いていた。宝塚のほかにも担当分野はあったが、主たる取材先はおおむね宝塚に限定されていたと思う。何十年にもわたって宝塚を取材していた担当記者は、歌劇団員全員の名前や期、何組かも記憶しており、宝塚の生き字引と言われていた。定年退職すると、また別の担当記者に交代する。たった一人の記者がずっと宝塚を担当する仕組みだった。

したがって、宝塚に関わる取材はすべて担当記者が窓口になっていた。例えば、タカラジェンヌへのインタビュー取材をしたいと思っても、担当記者にその仕事を委ねる慣習になっていた。タカラジェンヌに会えるのは担当記者だけだったと思う。この方法はジャニーズの取材とも似ていた。ジャニーズの取材もジャニ担と言われる一人の担当記者の窓口を通じて行われていた。相手方が取材記者を指名し、信用された記者以外の人物が宝塚内部に入って取材するのを防ぐやり方で、宝塚は内部の情報が外部に漏れることを極端に警戒していたのだと思う。隠しておく必要がある内部情報や秘密事項がたくさん存在していたことをうかがわせる。

選抜された宝塚担当記者は芸能セクションに所属しており、社会部記者のように特ダネを狙ったり、張り合う事件記者タイプではなく、優雅な仙人のようにおっとりした大人しい人だったのを覚えている。私は夜勤の時などに、雑談で宝塚の話を聞くことがあった。宝塚歌劇団の厳格な上下関係や先輩後輩の独特の仕組みの話が中心で、その厳格な秩序のもとで教育され磨かれた良家出身のタカラジェンヌだからこそ、宝塚精神が育ち、質の高い大衆娯楽としての宝塚歌劇が、今日のステータスを築いた最大の要因なのだというような話だった。担当記者は宝塚を賛美はするが、その欠陥を指摘することはなかった。私は、宝塚がこの世と切り離された別世界と思ったものだ。清純無垢な「美しい恋物語」の伝説と憧れに包まれた宝塚は、浮世とは別世界の「女の園」であり、そこに、まさかの凄惨なイジメが存在するという話など、寡聞にして聞くことはなかった。

夜勤時の雑談で、先輩記者から「清く正しく美しく」の宝塚の美談ばかりを聞いていた私だが、先輩の語る浮世離れした宝塚が嘘だとも思えず、異議を差しはさむことなく聞いていたことを思い出す。なぜ先輩記者は長年宝塚担当記者をしながら、そうしたイジメの構造があったことに気が付かなかったのだろうか。あるいは人々の夢を壊さないために知らぬことにしていたのだろうか。阪急電鉄が管理する宝塚歌劇団経営陣がそうした有害情報をすべてブロックし、美談ばかりを流してきたのだろうか。謎は深まるばかりだ。

しかしホームページに掲載された阪急電鉄と宝塚歌劇団の長文の謝罪文を繰り返し読んでも、失われた命が回復されることはないと思う。

第3章　日本の報道の自由度ランキング70位の衝撃

極端に低い日本の報道の自由度ランキング

国境なき記者団（RSF、国際NGO組織、本部パリ）が毎年公表する「報道の自由度ランキング」で、日本はおおむね70位前後をうろついている。2024年の順位は世界180か国中70位で、23年の68位よりも下げた。第1グループの北欧諸国、第2グループの欧米諸国より1ランク低い第3グループに分類されている。G7先進国の地位ではありえない、途上国並みの数字だ。報道の自由度ランキングが低いということはその国の国民の自由度が低く、民主主義国よりも発展途上国や軍事独裁国に近づいていることを意味する。

もともと低かったわけではない。鳩山民主党政権時には11位の北欧ランクにまで上昇したことがあるが、自民党安倍政権以降、急降下した。その理由は、メディアに対する政治圧力の強化、既得権益を失うのを恐れるメディア業界の内部軋轢《あつれき》、官主導の記者クラブ制度の弊害のほか、経済悪化で国民の所得水準が先進国中では最低レベルにまで下落したことも反映している。

「報道の自由度ランキング」は先進国度の指標として世界的に認知されており、現状のランクが続けば、さらに経済状況を悪化させる要因にもなりかねない。台湾（27位）、韓国（62位）などアジアの先進国のランクが日本を上回る位置にあり、経済発展の勢いは「失われた30年」の停滞を続ける日本を凌いでいる。

報道の自由度ランキング2024

G7(日本を除く)　日本周辺のアジア国

順位	国	グローバルスコア
1位	ノルウェー	91.89
2位	デンマーク	89.6
3位	スウェーデン	88.32
4位	オランダ	87.73
5位	フィンランド	86.55
6位	エストニア	86.44
7位	ポルトガル	85.9
8位	アイルランド	85.59
9位	スイス	84.01
10位	ドイツ	83.84
11位	ルクセンブルク	83.8
12位	ラトビア	82.9
13位	リトアニア	81.73
14位	カナダ	81.7
15位	リヒテンシュタイン	81.52
16位	ベルギー	81.49
17位	チェコ共和国	80.14
18位	アイスランド	80.13
19位	ニュージーランド	79.72
20位	東ティモール	78.92
21位	フランス	78.65
22位	サモア	78.41
23位	イギリス	77.51
24位	ジャマイカ	77.3
25位	トリニダード・トバゴ	76.69
26位	コスタリカ	76.13
27位	台湾	76.13
28位	スリナム	76.11
29位	スロバキア	76.03
30位	スペイン	76.01
	⋮	
46位	イタリア	69.8
	⋮	
55位	アメリカ	66.59
	⋮	
61位	ウクライナ	65
62位	韓国	64.87
63位	マラウイ	64.46
64位	シエラレオネ	64.27
65位	キプロス	63.14
66位	アルゼンチン	63.13
67位	ハンガリー	62.98
68位	東カリブ海諸国機構	62.83
69位	コンゴ共和国	62.57
70位	日本	62.12
71位	コモロ	61.47
72位	アンドラ	61.44
73位	マルタ	60.96
74位	ネパール	60.52
75位	コソボ	60.19
76位	中央アフリカ共和国	60.12
77位	ガイアナ	60.1
78位	ギニア	59.97
79位	ボツワナ	59.78
80位	ニジェール	59.71
	⋮	
162位	ロシア	29.86
	⋮	
172位	中国	23.36

国境なき記者団が報道の自由度ランキングの公表を始めた当初、日本の主流メディアはほとんど報道しなかったが、近年、順位だけは報道するようになった。しかしその詳細には触れることはなかった。

G7にあるまじき、70位の現実を伝えたくないのと、同記者団のリポートでは、日本の報道機関の政治的・経済的・社会的現状を詳細に調査し、先進国として低い理由に触れているからだ。

リポートでは、日本のメディアが受けている政治圧力や経済圧力、記者クラブ制度の温存、既得権益に固執する透明度が低い業界、過度な部数・視聴率競争などを挙げて説明している。しかしメディアのこの「負の部分」は、国民の目には隠されている。国民の「知る権利」にもっと貢献するには、劣化する日本のメディアの現状をあらため、民主主義社会のメディアの役割の再興を促す必要がある。腐敗して正常な機能が失われているなら、システムの透明化をはかり、国境なき記者団が指摘する隠された部分を明らかにし、国民大衆に知らせる必要があるのだ。

国境なき記者団は「報道の自由」の定義を、「ジャーナリストが政治的、経済的、法的、社会的干渉から独立し、心身の安全への脅威がなく、公共の福祉に沿うニュースを選択して報道し、広めることができる能力」としている。

調査では国境なき記者団に参加する世界各国のジャーナリスト、研究者らが、報道の自由に関わる事項の項目別調査を行い、100点満点でスコアを付ける。そのスコアの国別合計点で世界ランキング表を作成している。

各調査項目は以下のとおりだ。[1]

1　民主主義の法的制度の整備はどの程度出来ているか。支配政党等による政治圧力の有無、ジャーナリスト間の差別問題の有無などの「政治的背景」の調査。

2　新聞、テレビ等のメディア会社の経営形態、財務状況、記者の待遇など、経営と編集の分離の状態。経営者と記者の関係など「経営的背景」は健全か。

3　ジェンダー、宗教などの「社会的背景」。

4　タブーなどの「文化的背景」。

5　ジャーナリストの「安全性」等の項目。

調査は各国メディア関係者らへのインタビューやアンケートで行っている。「たかがNGOの自由度ランキング」と日本では侮る向きがあるが、相応の社会科学的根拠を持つ調査と言える。

「国力」とは経済や産業、軍事の指標だけではない。ジェンダーと共に「人権」を重要視する先進国度を示す新たな指標になってきたのが「報道の自由度ランキング」の現実である。

2024年のランキング上位10には、ノルウェー、デンマーク、スウェーデン、フィンランドの北欧諸国、オランダ、エストニア、ポルトガル、アイルランド、スイス、ドイツの順に欧州の先進国グループが並ぶ。

これに対し日本の70位に続くのはコモロ、アンドラ、マルタ、ネパール、コソボ、中央アフリカ共和国、ガイアナ、ギニア、ボツワナ、ニジェールの諸国。

日本は第3グループの途上国並みの「問題あり」グループに分類されている。日本はG7の中のダントツ最低国、なぜ日本のランクはこうも低いのか。

報告書はこう述べている。「日本は議会制民主主義国でメディアの自由は一般的に尊重されている。しかし伝統的な利益やビジネスの利益、政治圧力、男女不平等などによりジャーナリストが監視の役割を果たすことができていない」。

やや抽象的表現だが、具体的には、安倍政権以降の日本は国家主義右派の台頭で、「愛国的でない」とみなされる「反日」ジャーナリストへの日常的攻撃のほか、政治家の汚職、セクハラ、放射能汚染水や環境汚染、新型コロナなどのデリケートな問題に対して絶えずメディアの「自己検閲」や「忖度」が働いているとみなされているのだ。

さらに日本メディアの「自己検閲」を促す制度として、既成の報道機関だけが情報独占する「記者クラブシステム」の弊害を同記者団は指摘し続けてきた。

日本の記者クラブは日本新聞協会加盟の既成メディアの記者で構成され、彼らは記者会見参加資格を特権的に持つが、外国人、フリーランス、週刊誌などは排除され、記者会見への自由アクセスはできない。日本の記者クラブの排他性と差別は世界中に轟いている。どの国にもある「プレスクラブ」と同じではなく、その特異性から「キシャクラブ」という日本語がそのまま海外でも使われている有様だ。

日本の記者クラブの弊害は世界内外のジャーナリストが指摘し続けてきたが、戦後も100年に近づこうとしている現在でも改まる気配はなく、それどころか自由度を損なう政治圧力と官主導の姿勢が強まっているのは憂慮すべき点だ。

日本独自の「記者クラブの生態物語」に関しては、第4章でさらに詳述したい。

記者クラブを構成する主要メディアは日本社会の世論に強い影響力を持っている。公共放送NHKと、読売、朝日といった全国紙は、そのサイズの大きさ、発行部数の大きさで、世界最大クラスの報道機関だ。第1章で述べたように、多くはメディア複合体を形成しており、大新聞とテレビ局による親会社‐子会社の系列化、いわゆる「クロスオーナーシップ」による言論寡占は長年、問題視されてきた。

さらに日本の「記者クラブ」は、かつての戦時大本営発表時代の状態を色濃く残しており、国境なき記者団に指摘されるまでもなく、弊害は戦後ずっと日本のジャーナリストたちが指摘してきたことでもある。

アメリカの著名なメディア学者、カリフォルニア大学ジャーナリズム学部のマイケル・シュードソン教授は、日本の記者クラブに関する私の質問に対して、「例えば冤罪事件でアメリカの記者は警察リークに乗ったとしても自己責任で記事を書く。しかし日本の記者は記者クラブで特定の犯人説の合意を集団的に行ってから記事を書いている」と答えた。シュードソン教授は「日本の記者の記事責任は、記者クラブの集団的な合意に基づく」と喝破《かっぱ》した。

「言論の自由」を逆旋回させた自民党政権

国境なき記者団が報道の自由度ランキングを発表するようになって以来、私は関連記事を「週刊金曜日」「諸君!」「朝日WEB論座」などへ寄稿してきた。

2022年には安倍政権時代に公表されたランキング71位の衝撃に関しては、朝日新聞の「朝日WEB論座」に寄稿した。先述したように、安倍政権前の民主党鳩山政権時代には北欧諸国と並ぶ第1グループの11位を記録しているのだ。鳩山政権は短命だったが、岡田克也外相は記者会見のオープン化を行い、沖縄返還時の外務省の日米交渉機密文書(吉野文六文書)公開への動きもあった。この機密文書は、当時の佐藤栄作政権の日米交渉の暗部を暴く取材の結果、毎日新聞の西山太吉記者が不正な方法で入手し、国会議員を通じて外部者に漏洩したとして逮捕・起訴された西山事件に絡んだ重要文書だが、自民党政権は長年、この文書の存在を認めてこなかった。
原口一博総務相による電波行政改革案で、政府（総務省）が管理する電波の自由化への動きもあった。放送電波の政府管理を廃止し、欧米先進国並みの独立行政法人へと移管し、放送番組の中身を政府与党権力の監視や介入ができないようにする電波制度新設構想の法案化の試みがスタートしようとしていた。

こうした民主党政権時の先進国並みの「言論の自由化」の試みをことごとく潰し、時代の歯車を逆回転させたのが、自民党安倍政権だったことは言うまでもない。岸井成格《しげただ》、国谷《くにや》裕子、古舘《ふるたち》伊知郎、村尾信尚《のぶたか》といった著名キャスターが相次いでキーテレビ局の報道番組から降板する事件が起こり、これを週刊誌やSNSがスキャンダルとして報じたことがあった。安倍政権に対するメディアの「忖度」が云々され、「忖度」が2017年の流行語大賞に選ばれた。安倍政権に批判的と見られたキャスター降板劇の背景には、政権の直接介入も含め、政権の影が色濃く落ちているという指摘が多くの識者や専門家から出されていた。

さらにNHK会長や経営委員の人事で、NHK会長にメディア事業とは何の関係もない経済界出身の籾井《もみい》勝人氏が選ばれ、経営委員に右派系言論人が名を連ねていたのが話題になり、こうした人々はおおむね安倍首相に近い人脈と言われた。その籾井氏は会長就任記者会見で「政府が右というものを左とはいえない」という発言で物議をかもした。さらに籾井氏は「原発報道は公式発表をベースにせよ」とも言ったが、これは「ロシア政府の公式発表以外の報道は禁止する」と言ったプーチン大統領と類似した考えだろう。

また2016年には、放送法の公平原則に違反したテレビ局に対する「停波」発言をした高市早苗総務大臣に対する言論人たちの抗議声明が出されたことがあった。ここでは、番組内容の「公平」を判断するのは誰か、公平かどうかを決めるのは政府の役割なのか——という議論が起こった。

情報化の時代に、こうした日本の言論をめぐる内情が、世界に知られないはずがない。2016年4月、日本の報道の自由の危機を国連は重視し、「表現の自由」国連人権理事会特別報告者としてデービッド・ケイ氏（カリフォルニア大学アーバイン校教授）が調査のために来日した。日本政府は彼の訪日に難色を示したため予定が遅れたという。日本側によほど知られたくない事情でもあったのだろうか。

ケイ氏は日本政府側関係者も含めかなり広範なインタビュー調査をしている。多くは匿名を条件にインタビューに答えたが、「『政治的公平性』を判断するのは政府や権力側の仕事ではないのに、放送法では政府が判断して電波停止ができるようになっている。放送法第4条は廃止すべきだ」とケイ氏は日本政府に勧告した。

また日本外国特派員協会で記者会見したケイ氏は、特定秘密保護法に関連する報道規制の問題についても語っている。特定秘密保護法が、国民世論の関心の高い安保関連法や原発報道に対してメディア側に自己規制を強いているというのだ。また内部告発者を守る法的基盤が弱く、良心的な内部告発者が罰せられる危険があり、国民の知る権利の侵害が懸念材料だ、と語った。

内部告発者の保護に対する法的な基盤が弱い点に関しては、２０２３年に法改正が行われたものの、斎藤元彦兵庫県知事のパワハラ疑惑騒動の中心テーマとして、公益通報者の保護の問題が浮上したことは記憶に新しい。ケイ氏が指摘した国民の知る権利の侵害の懸念は、同じように現在も続いていることがわかる。

日本の報道の自由が政府権力や行政圧力によって萎縮させられており、他のＧ７先進国の報道とは異質な部分が垣間見えてくる。ケイ氏の全報告書はスイスのジュネーブの国連欧州本部に提出されており、国連人権理事会特別報告者のこうしたマイナス評価は、日本の報道の自由度ランキングを押し下げている大きな原因と考えられる。

「失われた30年」が今もなお続く状況下、現代日本の円安、経済悪化は「政治災害」ではないかとの意見があるように、報道の自由に制約がかかった状況は、総合的な国力の劣化と無関係ではない。もしもロシアのように権力者や政権の意志だけを宣伝するメディアしか世の中に存在しなくなったら、国民生活の平和な日常は消滅してしまうかもしれない。ことさらロシアを反面教師にしなくても、80年前の日本が「大東亜戦争」と称してアジア大陸を侵略し、真珠湾奇襲攻撃から自滅に至った歴史を忘れるわけにはいかない。無謀な戦争に多くの国民が命がけで駆り出されたのは、当時の日本に民主主義や報道の自由がなく、メディアが大本営発表しか報道できなかったからだ。我々には「無残な敗戦の歴史」の教訓が残されている。この点は、何度でも同じことを繰り返し言わなければならない。

「フォックス・モデル」という新しい危機

ここまでで、日本の報道の自由度ランキングの下落の歴史的経緯と意味を中心に書いてきたが、今、世界の民主主義国に蔓延し始めている「新しいタイプの自由の危機」と全体主義への警告が、国境なき記者団によって表明されていることを書いておきたい。

日本も含め先進諸国では既成メディアの信頼度が下がり、「フォックス・モデル」と言われる新興の右傾メディアの台頭やSNSとリンクした新しいタイプのメディアが大きな影響力を振るうようになったという点だ。

第一次トランプ政権時代のアメリカでは、ニューヨーク・タイムズやCNNテレビなどの影響力ある既成の主要メディアのニュースに対して、トランプ氏が「彼らの報道はフェイクニュースだ」と攻撃を仕掛けてきた。アメリカではファクトチェックが重視されるようになり、「フェイク」をめぐって政府とメディア間でバトルが繰り返された挙句、既成メディアはおおむね「反トランプ」とみなされるようになった。

一方、国境なき記者団によって、報道の自由の阻害要因と指摘された「フォックス・テレビ」は、世界のメディア王と言われるルパート・マードック氏がオーナーだ。トランプ氏の攻撃に対する既成メディアの混乱に乗じて、新興のフォックス・メディアが親トランプの立場に立ち、共和党支持の保守系世論を味方につけ、ツイッターやSNSの言論戦に参加してきた。SNS上には真偽不明な情報が混在しており、政治的、イデオロギー的な対立だけでなく、報道が伝える「事実（ファクト）」に対する懐疑や不信感がアメリカ社会に増大し、アメリカ世論の二極分化が促進された（第二次トランプ政権はこうした米国の世論の分裂と混乱の中で生まれた）。

フォックス・モデル現象とは、新時代に現れた右傾化メディアの普及という意味だが、これがSNSメディアによって増幅され、フェイクニュースを含む情報回路の広がりの結果として、世論の分裂が一層加速したというわけだ。

確かにトランプ氏のツイッター投稿はアメリカの右派勢力へと直接届き、2021年1月6日の米国議事堂襲撃事件の右派勢力の動向に影響したと伝えられている。司法当局もこれを問題視した。しかし、トランプ氏のツイッターアカウント凍結事件後、ツイッター社を買収してXと名を変えた大富豪のイーロン・マスク氏はトランプ氏のアカウント凍結を解除し、大統領選ではトランプ氏を支持、2024年11月大統領選挙でトランプ氏は民主党のハリス副大統領に圧勝した。マスク氏の勝利への貢献度は高かった。

選挙期間中、伝統ある主流メディアはおおむねハリス氏を支持し、トランプ氏に批判的報道をしていたが、ふたを開けてみればトランプ圧勝という結果だった。圧勝の最大の要因は、自動車産業の労働者や郊外の中産階級の人々が住むペンシルバニア州などブルーウォール（青の壁）と言われる民主党の牙城をトランプ氏が奪ったからだとの分析がなされている。妊娠中絶問題で女性票にアピールしていたハリス氏が敗れたのは、インフレによる経済悪化に苦しむ中間層やそれ以下の人々、特に男性票にアピールできなかったからだとされる。不法難民の強制送還を公約していたトランプ氏は白人主義者のように見えていたが、この大統領選挙では人種問題以上に経済悪化の側面が大きかったようだ。逆にトランプ陣営はXをはじめとするSNS、ユーチューブ、ポッドキャストなどを有効活用し、民主党の地盤を奪っていった。2024年アメリカ大統領選挙の真の敗北者は、エスタブリッシュメントと化した既成メディア、オールドメディアではなかったか。

2020年の第一次トランプ政権誕生の前後からこうしたメディア状況が生まれ、アメリカのメディアと世論の分断現象はさらに顕著になった。ギャラップ社とナイト財団の「信頼、メディア、民主主義に関する調査」（2017年）によると、「アメリカ人はニュースメディアが米国の民主主義において果たすべき重要な役割を担っていると信じているが、その役割をうまく果たしていない。メディアに対するアメリカ人の主な懸念の一つは偏見であり、アメリカ人は1世代前よりも今日のニュースに偏見を感じる可能性がはるかに高い」と指摘している。

さらに、２０１８年2月5日から3月11日にかけて、ギャラップ社とナイト財団がギャラップ・パネルのメンバー１４４０人を対象とした調査では、アメリカの成人がニュース報道への偏見をどの程度感じているか、また偏見と不正確さを区別しているかどうかを知るため、偏向的または不正確な報告を見たときのアメリカ人の反応を調査した。全体としてアメリカ人は、テレビや新聞、ラジオのニュースの62％が偏っていると信じているとの結果が出ている。さらに彼らはソーシャルメディア上のニュースを偏ったものとして見る傾向が強く、そこで見るニュースの80％は偏っていると推定している。「アメリカ人は、ニュース報道の大半は正確と考える傾向があるが、それでも、44％の人は不正確と感じている。また米国の成人の80％以上が、偏った情報を見て怒ったり、悩んだりしている」と報告している。

また「特定の報道機関の正確さと偏見に対する共和党と民主党の評価は、特にフォックス・ニュース、ＣＮＮ、ＭＳＮＢＣに関しては大きく異なっている。偏見と正確さは、ニュースソースのイデオロギー的傾きに同意するかどうかにも大きく影響されていることがわかる」。さらに、共和党支持者はフォックス・ニュースとウォール・ストリート・ジャーナルを支持し、民主党支持者は既成の主要メディアは偏向していないと感じている、という。[2]

大統領選で勝ったトランプ氏は「勝利宣言」で「これからアメリカの黄金時代が来る」

と語り、敗れたハリス氏は「暗黒時代になる」と敗北演説した。2024年大統領選挙は、心配されていたアメリカの分断をのっぴきならないレベルにまで高めたということができよう。

ヨーロッパメディアにも波及した米世論の分断

アメリカと同様、左右に分裂したメディア現象やフォックス・モデルの台頭に関しては、大統領選が行われたフランスや、イギリスなどのヨーロッパ先進国でも見られた。

周知のとおり、2022年のフランス大統領選挙では中道のマクロン氏が極右政党のルペン氏を破って再選されたが、かなりの接戦だった。近年になって、フランスの極右政党の勢いは著しく伸びていたのだ。さらに2024年、パリ五輪開催前に、マリーヌ・ルペン氏率いる極右政党が大量に議席を増やすことが予想されながら、マクロン大統領は突然フランス下院を解散、総選挙を実施したが、結果、与党が大敗して政治的混乱を招いている。

フランス社会のこうした政治的混乱の背景には新興の保守メディアの台頭がある。かつてのフランスではル・モンドは進歩的、フィガロは保守的という単純な色分けがあった。しかし現代フランスには、フォックス・モデルに類似した超保守の新興メディア、CNews、ヴィヴァンディ（Vivendi）が台頭している。

ＣＮｅｗｓはルペン氏よりさらに極右の大統領候補者だったエリック・ゼムール氏と親密な関係にあったとされている。仏ビジネス界の大物ヴァンサン・ボレロ氏が設立した新興テレビ放送で、無料視聴できる放送なので若者の視聴者が多い。既成メディアや政党が無視してきた無党派層や若者層にアピール、スポーツや芸能、経済、社会の不安、移民への憎悪、差別主義的言説をあおり、最近はフランス屈指の視聴率を獲得する放送局へと成長したという。

フランス大統領選挙や下院総選挙では右翼政党のルペン氏の活躍が世界のメディアの注目を集めたが、その政治的背景には、既成政党に不満を持つ無党派層や若者たちにアピールするＣＮｅｗｓの存在が指摘されている。[3]

イギリスのメディア右傾化にもフォックスのオーナーでメディア王のマードック氏が関わっている。マードック氏は世界最古の新聞と言われる高級紙タイムズを買収したことでも知られるが、同時に英国大衆紙サンのオーナーでもある。その意味でイギリスのメディア権力はマードック氏に抑えこまれているも同然なのだ。

アメリカの実業家アンドリュー・コール氏がフォックス・ニュースのようなチャンネルをイギリスに作りたいとし、「公共放送は左翼的すぎる。ポリティカル・コレクトネスにはもううんざり」と語っているというが、このイギリス版フォックス計画と並行してマードック氏が新しいテレビ局開設に関与しているという指摘もある。[4]

こうしたメディア状況の世界的な変化は、従来のメディアの役割の定義に混乱をもたらしている。メディアの役割として公認されてきた「権力監視」「公共性」「自由、独立」の理念は弱体化し、逆にメディア自身が権力や国家の宣伝機関の役割を率先して担い、ひいては自由、民主主義、人権という近代民主主義国の価値観や民主主義の破壊を先導するメディアが登場してきたということでもある。この点は特に注意を要する。

2024年の国境なき記者団のリポートは、いま世界の民主主義が直面する課題として、「民主主義に対するプロパガンダ戦争を遂行し、メディアやオンライン・プラットフォームを支配する専制政権との間のメディアの軋轢を作り出し、民主主義を弱体化させている。これら2つのレベルでのメディアの二極化は、世界の緊張をあおっている」と指摘している。

メディアの右傾化が民主主義メディアの機能不全を起こし、SNSとの相互作用でフェイクニュースが作り出され、ロシアはウクライナ侵略戦争を正当化し、「民主主義破壊戦争」を実行しているというわけだ。ロシアだけでなく、友好国のベラルーシなどのレッドゾーンの国家権力は以前に比べて、ジャーナリストの監視や暴力を堂々と行うようになっている。また国家に対する反対勢力の側も、ジャーナリストと国家権力を同一視して、ジャーナリストに対する暴力を行使する事例が、世界的に増加しているという報告もある。

「編集と経営の分離」もできないガラパゴスメディアの群れ

いま欧米で問題化している「メディアのフォックス化」は、経営不振が指摘される日本のメディア界とも無縁ではないだろう。経営的な理由から、ジャーナリズムの質を維持できなくなり、大衆迎合のメディアに変質したり、政権与党や経済界と親密な関係を構築して、利潤拡大に動くメディアが出てきても不思議ではない。メディアはファクト追求や監視機能を放棄して、政権や政党、行政や経済界のプロパガンダ機関として働くことにもなりかねない。

大新聞と政治政党が手を結んで提携した事例が、日本の地方でも実際に起こっている。大阪では読売新聞と大阪府（吉村洋文知事は大阪維新の会代表を務める）は8分野のパートナーとして包括連携協定を結んでいる。

日本のメディア会社は、欧米のように経営と編集の分離、編集独立の仕組みが制度的に確立しておらず、経営側が編集に介入する余地は排除できない。実際、新聞の片隅に掲載される「首相動静」などの記事には、首相とメディア会社の社長や幹部が会食する記事がよく出ている。しかし会食時にどんな内容の話題が交わされたかという記事は見たことがない。こうした日本のメディア組織内部の不透明性が、報道の自由の順位を他の先進国と比べ、大きく押し下げている原因でもあるだろう。

アメリカではデジタル化に成功した「ニューヨーク・タイムズ」や「ウォール・ストリート・ジャーナル」などの主要新聞は部数を倍増させ、経営環境は好転していると言われる。それによって報道部門の一層の強化が期待でき、市場競争力も生まれている。反面、デジタル化の功罪が「フォックス・ニュース化」という負の側面を生み出していることも先述した。しかし、日本の主要メディアはデジタル化の流れにも大きく遅れている。日本語発信しかできない言語障壁はあるが、そもそも日本発のニュースや情報そのものに価値がないからだろう。権力監視の役割を果たしているはずのジャーナリストに対する「見えない政治圧力」が加えられたり、取材した事実をそのまま書くことを躊躇せざるを得ない「忖度」が横行しているのでは、読者の知る権利に応えられる記事やニュース番組を提供できるわけがない。

さらに日本の報道の自由度ランキングが70位前後の低位に甘んじている理由として、「(ジャーナリストの仕事は)自己検閲を促す大規模な産業グループによる支配の高まりの中で犠牲になっている」とする「国境なき記者団」の分析がある。抽象的な言い方ではあるが、これを読んだ私は、日本のメディア産業における「支配的で大規模な産業グループ」とは巨大広告会社を指していると考えた。

近年、電通など巨大広告会社のメディア支配の弊害が問題化しているが、寡占的な広告会社が日本のメディア産業の自由化を妨げている点を指摘した、マサチューセッツ工科大学のエレノア・ウエストニー教授の論文を、研究留学中のハワイのＥＷＣで25年ほど前に読んだことがある。

バブル経済時代の日本はアメリカをもしのぐ経済大国と言われたが、ウエストニー教授は、日本のメディア産業がＧＤＰ比率に占める総売り上げの低さに目をつけていた。その原因は、電通と博報堂という二大広告産業の寡占の影響で、他の弱小広告会社の台頭を抑えていたということなのだ。当時のアメリカの広告産業の総売り上げはＧＤＰの約２～３％だったが、日本は１％に満たず、国際比較では世界32位で、低開発国のチリやボリビアと同レベルと、教授は指摘していた。日本のバブル経済時代には、アメリカの著名な経済誌の世界巨大企業ランキング１００位までを、日本の大銀行などの一流企業が独占していたから、経済大国日本がアメリカを上回る広告産業の数字があってもおかしくはない時代だったのだ。[5]

日本のメディアに不足していた「書く勇気」

日本の鎖国を破ったペリー来航は強力な外圧となり、日本は変わらざるを得なかった。太平洋戦争敗戦の衝撃も強力な外圧だったので、日本は変わることを余儀なくされた。

しかし戦後の日本人の多くは聞きたくない海外からの情報や外圧に耳を閉ざしてきたのではないか。不都合ではない美味しい情報だけをよりわけ、取捨選択して取り入れてきたのではないか。国境なき記者団の報道の自由度ランキング70位の情報は日本人には耳が痛いだろう。

しかしバブル経済崩壊後の日本は、「失われた10年」あるいは「失われた30年」といわれた長期の経済的停滞に見舞われ、そこからの脱出方法を未だに見出せていない。しばしば「ガラパゴス化」を指摘され、旧態依然のシステムを温存させてきた日本の停滞の真因は、変化を嫌い、自ら変わることができなかったことにあるはずだ。国境なき記者団が公表した日本の報道の自由に対する衝撃のデータは、我々にそのことを教える。

海外のベテランのジャーナリストに言わせれば、「メディアは権力の暗部をつくのが仕事」だから、政府や権力と仲良くなどしてはいられない。どの国の政府もメディアには圧力をかけるものだと彼らは思っている。言論の自由が憲法で保障されているのに、日本メディアは「上からの圧力への抵抗力が弱すぎる」、「大人しすぎる」と見られているのだ。

先述したように、NHKの籾井元会長は「原発報道は公式発表をベースにせよ」と記者会見で発言したが、これは戦時下の「大本営発表」しか書くなという軍部と同レベルだ。いくら安倍政権が送りこんだ会長とはいえ、お粗末すぎる話なのだが、日本のメインストリームのメディアは、政権と仲良しの幹部が現場の記者へ圧力をかけ、現場が自己規制して忖度する萎縮を繰り返してきたのではなかろうか。

第4章

「あっていいことは一つもない」記者クラブの障壁

記者クラブという宿痾

記者クラブは日本新聞協会加盟および日本民間放送連盟加盟の新聞社、通信社、テレビ各局など179社（2024年）の記者で構成され、政党、中央官庁、地方自治体、裁判所、警察署、検察庁、経済団体、教育委員会、大学など全国各地に記者クラブ網が張り巡らされている。推計では約800と見られているが、日本新聞協会も実数を把握していない。

同協会は記者クラブの目的を「取材・報道のための自主的な組織」としている。全国各地の記者クラブが、それぞれ個別に記者会見を非公開で実施しており、そこに参加できるのは記者クラブ会員だけ、外部者には秘密裏に行われる。なぜなら、記者クラブは「任意の親睦団体」という新聞協会の見解があり、非公式な組織だからだ。

しかし、「任意の親睦団体」を装いながら、日本新聞協会傘下の新聞、通信、テレビ局記者しか参加ができず、フリーランス記者、出版社、月刊誌、週刊誌、スポーツ紙、外国メディア特派員は加入できない。外部差別的な「インナー組織」である。

しかしその権力は絶大だ。選別された大新聞、テレビ局など日本の主流メディアの記者だけが特権的に記者会見へのアクセス権を持ち、政府情報や官庁情報に接することができ、公の情報を独占しているというわけだ。

新聞社在職中、私は週刊誌（朝日ジャーナル）の記者をしたことがあったが、外務省の記者会見を取材しようと名刺を出したとき、「週刊誌はダメ」と警備関係職員に制止され、本紙の外務省記者クラブ担当記者に頼んで会見に同行したことがある。たとえ加盟社であっても記者クラブ会員の登録がないと記者会見に参加できないことを、そのとき初めて知った。日本の官庁の記者会見取材の壁は、かつての「ベルリンの壁」を思わせるほど堅固なものなのだと知った。

現代は既成の伝統メディアだけでなく、ＳＮＳやブログ、ユーチューブもある世の中にはなったが、記者クラブ特権を持つ主流メディア、大新聞やテレビキー局は、いまなお世論形成への強い影響力を維持している。

新聞社を退職してハワイの米国立シンクタンクＥＷＣ（東西センター）とハワイ大学に研究留学していたころ、アトランタ五輪が開催され五輪会場付近で爆破事件が起こったことがある。会場警備をしていた発見者のガードマンが犯人の嫌疑をかけられ、連日、ＣＮＮなどのテレビ、新聞がガードマン犯人説を流し続けた。実はガードマン犯人説は地元警察がリークしたものだったが、ＦＢＩがこれを否定したために、「メディアが作った冤罪事件」として大問題になった。その後、メディアの冤罪報道に対してガードマンは名誉棄損の損害賠償訴訟を起こした。誤報したそれぞれのメディア単位で個別に提訴が行われ、各社とも数億円レベルの多額の損害賠償金を支払う羽目になったという。この冤罪報道のおかげでガードマン氏は大金持ちになり、母国アメリカを捨ててイタリアへ移住、優雅な余生を送ったと言われる。

この事件では、アメリカの主要メディアは間違った警察情報を垂れ流したのだが、唯一、地元アトランタの地方紙だけは終始、ガードマン犯人説を否定していた。それが米国メディア界にとっては救いとなった。

この「メディアが作った冤罪報道」は、オウム真理教の松本サリン事件で被害者の河野義行氏を犯人扱いしたのと酷似している。

私は米国全土のメディア学者やジャーナリスト約30人の方々にメールを送り、「メディアが作る日米冤罪事件の類似性」についてアンケート調査をしたことがある。全員がアンケートに答えてくれたが、約90％の方々は「多くの犯罪報道は犯人捜しの報道ゲームを誘発し、警察発表やリークに乗せられている。その点、日本もアメリカも同じではないか」と指摘していた。しかしカリフォルニア大学ジャーナリズム学部マイケル・シュードソン教授は、日米メディアの「決定的な違いは記者クラブの存在にある」と、次のような指摘をした。

「例えば冤罪事件でアメリカの記者は警察リークに乗ったとしても自己責任で記事を書く。しかし日本の記者は記者クラブで特定の犯人説の合意を集団的に行って記事を書いている」と答えた。シュードソン教授は「日本の記者の記事責任は記者クラブの集団的な合意に基づく」と喝破したのだ。

日本では、こうした記者クラブの集団合意体質が無責任な「冤罪報道」の巣窟《そうくつ》になるのだ。教授は日本の記者クラブに関するアメリカの研究資料のコピーを送ってくれたが、それらの資料を見ると、日本が「記者クラブ天国」であることは、アメリカのメディアにも知れ渡っていることがわかった。

とはいえ、「記者クラブ天国」の恩恵にあずかっている大マスコミの記者たちの報道現場には、これを廃止させる動きはない。恩恵を上回る大きな「負の側面」があることには無頓着だ。冤罪事件の多発や記者クラブ談合による誤報はジャーナリズムの自殺行為にもなりかねない。

記者クラブシステムがよいと思っている記者は少ないにしても、外部からの不満を受けて微修正の手直しをしながら、記者クラブのサバイバルを図ろうとする手口は目に見えている。とても「改革」と言える動きではない。したがって、記者クラブに対する根本的な批判や廃止論は全て外部から出されるものになっている。

国民の知る権利を妨げ、世界への情報流通を閉ざす障壁の張本人であることにも無頓着だ。日本の新聞はおおむね記者クラブの記者が本社各部に持ち帰る官庁などの発表ネタをもとにして、毎日の紙面、ニュースを編集している。地方新聞では約90％が記者クラブの発表に依存した記事で、主要全国紙では70％近い記事が記者クラブ情報が基になっているという。[1] 記者クラブを拠点とした「政府行政、官庁情報の寡占」を抜きに日本の新聞やテレビニュースのコンテンツは成り立たないのだ。

自民党と大新聞政治部が日本を動かす「頭脳集団」と思っている政治部記者がいるという夜郎自大な内輪話も聞くから、権力と癒着した新聞の驕《おご》りの原点は、日本型記者クラブの内部に巣食っていると言えるのだ。

日本外国特派員協会の「記者クラブを考える」シンポジウム

日本外国特派員協会で「記者クラブを考えるシンポジウム」（２００３年３月、国際ジャーナリスト連盟共催）が開催されたことがあり、私は司会を務めた。

当時、日欧経済摩擦が激化していた。EU側は「記者クラブ解体により日本の情報障壁を取り除け」と要求した。しかし「言論の自由に関わる問題なので、政府として交渉する立場にはない」と日本政府は突っぱねた。日欧経済摩擦の主原因が「記者クラブ障壁の問題」へと飛び火したのだ。欧州委員会が２００２年10月に出した「日本の規制改革に関するＥＵ優先提案」には、「日欧の情報の自由貿易に係る制限を除去せよ」とある。具体的には、「記者クラブ制度が情報の受け手にもたらす弊害を是正するために、記者クラブを廃止し、国内外のすべての報道機関に、報道行事の公平なアクセスを求める」というものだ。

日本の規制改革に関するＥＵ優先提案の38項目の中に、ＥＵ駐日代表部が日本政府に出した文書に「ジャーナリズム：情報への自由かつ平等なアクセス」の項目があり、その中に「日本の記者クラブ制度は、日本に関する情報を受け取る国内外の人々にさらに大きなマイナスの影響をもたらしている。官僚や記者クラブの上層部は、クラブの意に沿わない記者は排除すると脅すことにより自らが、不利益になるとみなす情報の流布を防ぐ手段を有している。従ってこの制度は、例えば、公益衛生および安全に直接関連する情報を含む重要なアクセスを否定または遅らせる可能性があるため、公共利益に反するものである。日本での狂牛病（BSE）発見に関する報道が好例である。この制度は、官僚と記者の双方に記事の独占を維持する既得権を与えることにより、単一の情報源への過度な依存および情報の照合確認の怠慢を助長し、情報の質を低下させている。国内記者と外国報道陣に別々のブリーフィングをすることが広く行われているが、記者クラブ制度がその時の聞き手に合わせて情報を提供する可能性を増加させ、日本に対する不正確で偏った情報の流布という危険性を高めている。記者クラブ制度が情報の最終の受け手にもたらす害を是正するためには、記者クラブ制度を廃止し、国内外すべての報道機関に、報道行事への公平なアクセスを与えるしか道はない」としている。[2]

これは日本の記者クラブに対する「EU緊急事態宣言」とも言うべき内容だが、このEU提案後、20年余の年月を経た現在も、日本の記者クラブの欠陥は克服されていないばかりか、さらに事態は悪化し、もはや緊急事態すら通り越した「惰性」に陥っていると思われる。

実はバブル経済末期に日米経済摩擦が激化したときも、アメリカ市場を席巻していた日本車バッシングが多発し、日本の経済障壁を壊す日米構造協議（SII）が行われたことがある。この時にも、記者クラブ解体要求が米側から出されたと、知人の政治部記者から聞いた。しかし言論の自由がからむ問題なので米側は矛を収め、正式な政府間の議題には上らなかったということだ。

「ピョンヤン・リスト」で欧州記者の不満爆発

先述のEUの記者クラブ廃止要求は、北朝鮮拉致事件交渉のため、小泉純一郎首相（当時）が北朝鮮を緊急訪問した際に付随して出てきた国際問題だった。

日本外国特派員協会所属の欧米特派員たちから、小泉首相訪朝時の同行取材を求める声が多数上がった。記者たちは滅多に入れないピョンヤン取材の好機と考えたのだ。しかしピョンヤンに向かう政府専用機の同行座席枠には限りがあったので、外務省はアメリカ3席、ヨーロッパ3席、韓国2席、合計8席の枠を割り当てたという。その内訳はロイター通信、AP通信、AFP通信、米国ニューヨーク・タイムズ、ワシントン・ポスト、韓国の新聞3社だった。フィナンシャル・タイムズやザ・ガーディアン、BBCなどヨーロッパの有力メディアは軒並み選に漏れてしまった。日本外国特派員協会はこれを「官邸のピョンヤン・リスト」と命名。「同行メディアまで日本側の談合で決められてはたまらない」

と改善策を要求したが、日本側は受け入れなかった。この時のゴタゴタが日欧経済摩擦へ発展したと見られているのだが、欧州メディアの間には、「日本はアメリカの有力新聞を優先した」という観測が広がった。

この不満を受けて、日本外国特派員協会で急遽開催されたのが「記者クラブを考えるシンポジウム」だった。

参加した外国特派員たちは「日本の記者クラブによる取材妨害を日常的に受けている」と口々に話した。つまり日本の記者クラブ障壁には毎日のように直面しているというのだ。記者会見参加許可を得るために「会見出席の都度、煩雑な書類やカードを作らなければならない」。イラク戦争取材から戻ってきた在日20年の伊マニフェスト紙ピオ・デミリア記者は「箱一杯の、申請した記者会見用の資格カードや許可証を持ち歩いたことがある」と苦笑した。「どんな会見でも出たいということではなく、自由アクセスを認めてほしい。それも取材に必要な時だけでいい。外務省か議会の記者証があればどこの記者会見でも出られるとか、欧米のようにシンプルにできないのか」と話した。

「地方都市で大事件が起こった場合、地元の警察や役所の記者クラブの許可を取らなければ記者会見には出られず、知人の日本の記者から会見内容を聞いて記事を書くしかない。日本ではどこかの新聞社かテレビ局に所属していないと記者として認定されないので、フリーランスや外国人記者は締め出される。私は大阪教育大学附属池田小学校事件の取材で池田市にかけつけたが、記者クラブ員ではないという理由で地元警察の記者会見には出られなかった」と、日本外国特派員協会会長（当時）のハンス・ヴァンデル・ルフト氏は語った。仕方がないので会見に出た日本人記者から情報をもらったという。それは記者にとっては屈辱だった。

「記者クラブのメンバーは私たち外国人記者が彼らと同じジャーナリストであることに異論はないだろう。私たち外国人記者が唯一望むのは、政府機関でのすべての記者会見に自由に出入りできること。これはとても簡単なことのはず。ジャーナリスト同士の競争は、誰が記者会見に参加できるかではなく、もう一歩前進したものであるべきだ。つまり、政府高官が話したがらないニュースを見つけだすこと」とルフト氏は語る。

またイギリスのザ・ガーディアンのジョナサン・ワッツ記者は、「これは日本のルールなのだ。郷に入れば郷に従えと思っていた。しかし私が書く記事にも影響が出ることがある。イギリス人のルーシー・ブラックマンさん殺人事件や東海村の原子力事故のような事件のとき、日本の記者クラブにいないと情報が取れない。記者クラブ員だけに言論の自由があるわけではなく、週刊誌や月刊誌の関係者たちも平等に入っていけるような場でないといけない。記者クラブだけにメディアを限定するのは狭すぎる。何らかの規制緩和か改革が必要だ。こういう記者クラブが存在する日本は果たして民主主義国なのか、考え込んだ」と言う。

在日40年のベテラン、シカゴ・トリビューンのサム・ジェームソン記者は「記者クラブは権力に対抗するために設置されたが、いまや私たちにとって権力となっている。外国特派員は日常的な記者会見への出入りに関して、毎日のように障壁にぶつかっている。いまでは20ほどの記者クラブが外国記者にも開放されているが、このペースで行くと、全ての記者クラブ（全国で約800）が解放されるには数百年かかるのではないか」と指摘、シンポジウム会場には笑い声が広がった。

特派員協会会員の緒方四十郎氏の「日本の新聞購読者だが、日本の新聞の被害を受けている。日米間の電話接続料金や自動車交渉の中で、日本側発表と米外発表が食い違ったことがある。それぞれの省庁の担当記者、例えば郵政省やNTTの発表を記者が丸のみにした記事が掲載されるようで、記者クラブが各省庁にコントロールされている疑いが消えない」という発言もあった。担当部署発表を丸のみにし、裏を取っていない記事が多く見られるという、日本人ビジネスマンからの苦情だった。

どうやら、海の向こうからはるばる来日した日本特派員にとって、記者クラブ障壁とは、ヨーロッパの古い城塞のように堅固で、「全く仕事にならない」ようだった。

外国特派員たちは、「日本に記者クラブがあってよいことは何もない。すぐに廃止すべき。日本を愛するがゆえに記者クラブ廃止を強く進言する」と口々に語った。

おりしもアメリカのブッシュ政権主導のイラク戦争が開戦、世界が揺れていた時期だった。イギリスでは労働党ブレア政権が米国を支持し軍隊を派遣したが、フランスのシラク大統領は派兵に反対し、米仏は対立を深めていた。また「イラク戦争開戦理由文書が偽造されていた」とする報道をBBCが行ったため、ブレア政権の怒りを買い、BBCとブレア政権は激しく対立、BBCのグレッグ・ダイク会長の解任劇へと発展した時期だった。

そんな世界情勢の危機の中で日欧経済摩擦が起こり、情報障壁の元凶として日本の記者クラブ廃止要求が欧州委員会から突き付けられたのである。日本の小泉政権はブッシュ政権のイラク戦争開戦を支持していた。そうした中で、「発表ジャーナリズム」「護送船団ジャーナリズム」と言われる日本の記者クラブの閉鎖性と情報障壁が世界的に問題視されたのだった。

このシンポジウムには外務省の高島肇久《はつひさ》報道官が出席、次のような政府見解を述べていたので付け加えておく(ちなみに、高島氏はNHKキャスターから外務省報道官へ転身している)。「日本の記者クラブを廃止して自由にアクセスできるようにするかどうかは、日本新聞協会や記者クラブが決めることであり、政府のほうから記者クラブを廃止してほしい、という問題ではない」。

要するに、政府や行政が言論機関の記者クラブ問題に介入するのは馴染まないという政府判断なのだが、それでは、記者クラブの部屋を役所の中に置き、「取材の便宜を図る供与」に税金を使う根拠は何なのか。旧大蔵省管財局通達「国の庁舎等の使用又は収益を許可する場合の取扱いの基準」(1958年1月7日付)によれば、「国の事務、事業の遂行のため」としている。つまり、記者クラブは国の事務や事業遂行に役立っているということだ。国は記者クラブを通じて情報操作や政府PRを効率的に行うことができる。記者は記者クラブにいるだけでたやすく独占的に情報が取れる。両者の相互利害は一致しているのだ。

高島報道官は記者時代の自分の体験も含めいろいろ語ったが、こうした政府側の弁明は、「政府見解のホンネ」から逃げているのではないか。

「記者クラブ訴訟」を起こしたフリーランスの寺澤有《ゆう》氏もシンポジウムのパネラーとして参加した。寺沢氏は、暴力団との関係をめぐる愛媛県警の不祥事の連載記事を「週刊文春」に書いていた。事件の裁判の担当は松山地裁であり、その判決文を入手しようとしたが、記者クラブメンバー以外には渡せないという回答だった。そこで寺沢氏は「記者クラブに所属する記者だけに判決文を渡す合理的根拠」を問うて訴訟を起こした。裁判所の見解は「記者クラブメンバーは報道に関わる一定の役割を果たしてきた人々だから、判決文を渡してもいい。記者クラブの人々にだけ渡し、他の人には渡さないのは裁判所の裁量の範囲内である」というものだった。[3] これに対して寺沢氏は「記者クラブの記者とフリージャーナリストは同じ職業に見えて、似て非なるもの、異なる職業かと思います。彼らは政府や役所が税金で集めた情報をタダでもらい、それを売っているわけですからね」と米国「フォーブス」誌記者ベンジャミン・フルフォード氏のインタビューに答えている。[4]

記者クラブ発表ネタは所詮、警察や役所の広報マンの仕事に過ぎない。広報記事をリライトして記事にするのはサラリーマン記者で、ジャーナリストの本来の仕事ではない。サラリーマン記者はプロの世界では、玄関ダネ記者、御用聞き記者と軽蔑される。記者の腕の見せどころの調査報道スクープができないからだ。

読者の知る権利を満たす「隠されたニュース」は、発表ジャーナリズムの記者クラブにはなく、記者の綿密な調査によるファクト発掘の積み上げの中にある。毎日記者クラブへ出勤し、部屋でゴロゴロしていても、人事などの朝夕刊時間差特ダネ以外の特ダネは取れないだろう。

記者クラブ記者は「養殖池のアユ」に喩えられたりする。狭い水槽の中で泳ぎ大量に餌を与えられるが、運動不足で太っている。養殖アユに比べ渓流の天然アユは自力で餌を取り体型もスリムで、良い香りがする。天然アユの味覚は養殖アユに比べて格段に美味なことはいうまでもない。自力で餌を取れず、あてがわれた餌（ネタ）しか食べない養殖池の記者の報道より、世の荒波に揉まれて自力で餌（ネタ）を取るフリーランス記者の仕事のほうが、記事の香りも鮮度、味も良く、読者・視聴者にアピールして好まれるのは当然だろう。

記者クラブ記者の記事は無味乾燥で面白くない。政局を書く政治部記者の記事は永田町界隈にどっぷりつかったネタ元が判然としない噂話のような政局記事が多く、「政治の本当の闇」は伝わらない。株高を囃す経済記事にしても、投資家は喜ぶかもしれないが、民の経済の本質である「経世済民《けいせいさいみん》」の話とはほど遠い。

　良い記事を書くジャーナリストの切磋琢磨の競争がなければ、記事は紙面の埋め草、放映時間を埋めるマンネリ番組に陥るのは避けがたい。新聞の読者離れ、若者のテレビ離れは起こるべくして起こったのだ。

　記者クラブとは「ジャーナリズム無競争地帯」だ。「省庁発表を丸のみしたような記事の新聞から被害を受けている」と語った日本外国特派員協会会員のビジネスマン緒方氏の苦情があったが、国民の知る権利はおざなりにされ、人権意識が乏しいニュースメディアを買わされてきたことになる。したがって、記者クラブ障壁の最大の被害者は欧米諸国ではなく「日本国民」と言うべきなのだ。

　世に記者クラブ改革の動きがなかったわけではない。元長野県知事の田中康夫氏は「脱・記者クラブ宣言」を出し、県庁記者クラブを地域紙やフリーランスに開放する「表現道場」に変えた。しかし記者クラブ各社は「会見窓口を県が調整すれば報道の自由が制約される恐れがある」と反対した。しかも、当時の日本新聞協会会長、読売新聞最高顧問の渡邉恒雄氏は、田中氏の記者クラブ改革を、「地方政治家の発作的行動」と切り捨て、改革に反対した。[5] 日本の新聞界のドンがこうした考えの持ち主では、記者クラブ改革が実現するはずはない。要するに、既成メディアの関心事は既得権益擁護の一点張りなのだ。

元朝日新聞記者の竹内謙《けん》氏が鎌倉市長になったときにも、鎌倉市政記者クラブ改革が行われた。「記者クラブの部屋代や経費は鎌倉市の予算から拠出している。その部屋を少数の既成の記者クラブが独占的に使っている。それはおかしい。それでは行政の公平性に欠けるのではないか。税金を使う以上、できるだけ多くの記者も参加できるよう記者室をもっとオープンにすべき」という理由だった。竹内氏は「行政の公平性」にこだわる改革を試みたが、田中氏の場合と同様、既成記者クラブからの強い抵抗が表面化した。「鎌倉市政記者クラブは新人記者が多かった。意欲に燃えた若い記者なら改革に賛同してもらえると思っていたが、違った。学校卒業ほやほやの新米記者が職場に配属されたとたん、既得権益の居心地の良さに汚染されていることに驚きと失望を禁じえなかった」と先述のシンポジウムで語った。

中央官庁だけでなく、全国津々浦々の役所、企業、組織に記者クラブがある。記者クラブには温かい部屋が与えられ、広報書類の配布、電話やコピー機があり、お茶のサービスもある。昔は忘年会や転勤記者の送別会などもあり、餞別《せんべつ》が贈られることもあった。

居心地がいい記者クラブのオフレコ会見

そんな居心地のいい記者クラブの待遇は、「国の事務、事業の遂行のため」に必要とする旧大蔵省通達からもわかる。先述したようにその数約800と言われるが、正確な数字すら把握していない有様なのだ。かりに記者クラブで不祥事があっても、管轄責任がある日本新聞協会としては、調べる手立てもないだろう。無責任な話ではある。

部屋代など無料サービス提供される経費は莫大なものになるが、おおむね税金が使われていることになる。かつて石原慎太郎東京都知事が東京都庁記者クラブに対して高額の部屋代を請求したことがあり、各社驚愕したことがあった。しかし間もなく部屋代請求は撤回され、以降、メディアの石原都政批判は息を潜めたということだ。

先に書いた田中康夫氏、竹内謙氏の記者クラブ改革には既成メディア権力のトップや上層部の圧力や横やりが入り、広がりをもつことはなかった。

それにしても官房長官定例会見の記者の寡黙さ、質問内容のお粗末さ、長官の言葉を一言も漏らさず書き込む記者たちが叩くパソコンのキーボード音だけカタカタ響く、無機質で寒々しい繰り返しは見たくない風景だ。記者というより、人間としてどうか、と思わせる光景である。あれならAI記者に任せればいい。記者は高給を取っているだろうから人件費が無駄だ。

大きな改革は別として、せめて、石原都知事がやった部屋代請求を逆手にとり、諸官庁内の記者クラブの部屋を撤去して、新しい別の記者会見場を設立し、外国記者、フリーランス、週刊誌記者などの自由参加も認めればよいのではないか。

日本で言う「メディアの権力」とは、欧米ジャーナリズムが言うウォッチドッグ（権力を監視する番犬）とはニュアンスが異なっている。欧米の「メディアは第4の権力」とは、立法、司法、行政の3権に加えた第4の権力の意味で、「権力の暴走を監視する装置」が多いほど民主主義社会は成熟するということだ。しかし、日本のメディアの幹部たちは第4権力論を取り違え、「自分たちメディアも権力者」と思いこんでいるフシがある。元信濃毎日新聞論説主幹の中馬《ちゅうま》清福氏は「新聞人はそれ（第4権力論）にあまりに鈍感だ。その同じ権力が権力を批判するなんて笑止の沙汰、つまりが内輪喧嘩だ、つきあいきれない、というのである」と指摘している。[6]

欧米の記者クラブは、記者のワーキングルーム

海外記者から強い批判を浴び続けてきた日本の記者クラブだが、欧米の記者クラブ制度はどうなっているのか。

2024年夏のパリ五輪にはプレスルームが置かれていたが、海外都市の国際機関や主要官庁、国際イベント会場にもプレスルームはある。しかしそこは日本の記者クラブのように閉鎖的なものではなく、登録した記者の仕事がしやすくなるように、多数の座席と机、パソコンなどが用意されたワーキングルームとして機能している。案内の広報資料、パンフレットは無料で、コーヒーサービスもある。

フランスには日本のような記者クラブはない。しかし大統領府には記者室があり、ジャ

ーナリストとして登録すれば、誰でも記者会見に出席できる。私はカンヌ国際映画祭の取材をしたことがあるが、やはり世界の記者たちを受け入れる大きなプレスルームがあった。事前に自分が書いた記事を提出し、映画記者として認知登録がすむとプレスカードをくれ、映画祭会場への入場が許可された。出展映画の上映スケジュール表、記者会見資料などをもらうことができ、コンピューター検索や電話通信の便宜、出席したい記者会見には自由に出ることができた。参加している俳優や監督へのインタビューの調整もしてくれた。

アメリカのホワイトハウスでは、大統領会見をはじめ報道官の記者会見が日常的に行われている。大統領会見には記者証の取得が要求される。しかしセキュリティ・チェックをパスし、記者の実績を示すキャリアがあれば、フリーランスにも記者証は発行される。

ドイツにも日本のような記者クラブはない。国内記者は「連邦記者会」に登録し、外国記者は「外国特派員協会」に登録すればどこの記者会見でも出入り自由だ。

イギリスにはかつて日本と似た閉鎖的な記者クラブが存在していた。しかしBBCの政治記者ニコラス・ジョーンズ氏によると、「旧記者クラブは、イギリス国内の伝統ある新聞社記者の特権的な場所だった。しかしメディアの多様化、国際化の中で広範な戦略を重視したブレア政権時代、新しい記者会見場が用意され、外国人記者でも自由に参加、質問ができるようになった。内外のジャーナリストの多数は新しい会見場に行くようになり、古く閉鎖的な伝統記者クラブは存在意義を失った」と語った。同記者は、「日本の外務省はプレスをコントロールすべきではないと言うが、情報の流れを実際にコントロールしているのは政府なのだ。政府はあえて口にはしないが、政府が情報の流れを牛耳っていることに変わりはない」と指摘した。

欧米にもプレスクラブやプレスルームはあるが、日本の記者クラブとは異質なことがわかる。先述した旧大蔵省通達で明らかなように、記者クラブの「国の事務、事業の遂行のため」に必要とする政府広報の役割は、欧米メディアにはない。「政府が話したがらないニュースを見つける」のがジャーナリストの本当の特ダネであり、役割なのだ。

定められたジャーナリストの条件さえクリアしていれば、既成メディア、フリーランス、国内・外国人記者の区別なく、オープンになっているのが欧米の記者会見だ。

日本の記者クラブの異質性について、元日本外国特派員協会会長で世界的ベストセラー『日本／権力構造の謎』（早川書房、1990年）を書いたカレル・ヴァン・ウォルフレン氏は、日本を支配する政財官の既得権のトライアングルに新聞（マスコミ）を加えた癒着構造を「鉄の四角形」と定義した。「日本の新聞はしきりに政財官の癒着の構造を書きたてて構造改革を主張するが、実は新聞も既得権益構造の主体の一つなのであり、構造改革されるべき対象なのだ」と主張している。「しかし新聞は自身の問題を書かないので、自らが「癒着の構造」を支える一翼を担っていることは、世間には公表されていない」という。

二重の洗脳装置、秘密の共有装置

日本の新聞記者は取材先と記者クラブによって「洗脳」される。社内教育で「愛社精神」を叩きこまれて洗脳された記者が、取材先で洗脳されるという、いわば「二重の洗脳」を受けている。例えば自民党の派閥担当になった記者は、その派閥の一員であるかのような錯覚に陥る。

こうなると記者というよりフィクサーのような役割を果たす。真実の情報を知りながら、ニュースとして書かない記者は、自分が入手した情報を処世の「取引材料」に使うのだ。「何でも書く記者はアホ、信用も失う」という内輪話がある。敵対派閥の足を引っ張り、ボスに不利な情報は書かない。担当デスクがシンパの派閥に辛いと見たら、記事の出稿を見合わせる――などの逸脱が起こる。

このような政界派閥力学に密着する記者は金と権力の動きにも敏感だから、社内権力闘争にも通じて、マスコミ各社のトップへと昇り詰める人物が出てくる。政治家と記者の癒着の本丸である「官邸機密費」が記者にも渡されているという裏情報はさかんに出回るが、その実態は藪の中に葬られてしまっている。

日本政治とメディアに詳しいミシガン大学のオファー・フェルドマン教授は「日本の記

者クラブの役割は単に情報収集にだけあるのではない。記者クラブは記者が属する社会装置である。記者はここで友人を作り組織の習慣や秘密を共有する。それによってニュースソース側に強力なプレッシャー・グループを形成する。記者クラブは日本のジャーナリズム界や政界のエスタブリッシュメントを形成し、システムそのものとみなされている」という。

同教授は日本のベテラン政治記者にインタビューしているが、「政治記者として長年取材した政治家の数はごくわずかで、日常的に派閥の大物議員に密着取材を繰り返しており、国民の代表である他の多くの国会議員には取材していないことに驚いた」という。日本の政治記者の「取材範囲の狭さ」を問題視しているのだ。政治記者の田勢《たせ》康弘氏は「そこに所属する記者と取材対象のあいだに、価値観を共有する狭い世界ができあがり、その世界の物差しでニュースを判断してしまう危険性がある」と言っている。[7] 政治記者とは政治党派のインナーサークルの仲間なのだ。

改革には世論圧力が必要

記者クラブ問題は日本の構造改革の「残された聖域」とも言われる。ジャニーズ事件もそうだったが、記者クラブ記者が知っていても「書かない、書けない大事件」は古くからあった。

田中角栄元首相の金脈事件に火をつけたのは雑誌「文藝春秋」で、筆者の立花隆氏は記者クラブとはまったく縁がないノンフィクション作家だった。大新聞の政治部記者たちは田中金脈を知っていたが、誰も記事にしなかった。実は、立花氏のこの記事が「文藝春秋」に掲載されたとき、「新聞はなぜ書かないのか」という新聞社内外からの問い合わせが多数寄せられたが、新聞はすぐ書こうとはしなかった。政治部記者の中には「ミニコミの言うことなど相手にするな」と言い放つ者もいた。[8]

オウム真理教の松本サリン事件で、長野県警がリークした河野義行氏犯人説の嘘を垂れ流したのは、新聞やテレビである。やがてオウムの犯行だとわかったが、オウムの疑惑を粘り強く追及したのは、フリーランスの江川紹子氏らであり、記者クラブ外の雑誌や週刊誌だった。

松本サリン事件がオウムの犯罪であることを暴露したのは、公安当局が流したとされる怪文書を分析したフリーランスの立花隆氏が「文藝春秋」に書いた論稿によるもので、これにより冤罪被害を受けた河野氏の無実がはっきりと証明された。

こうなると、記者クラブとはいったい何のためにあるのかという話になる。肝心なニュースは知っていても書かないし、嘘の警察情報を垂れ流して冤罪まで作り出している。

閉鎖的で特権的な「記者クラブ」の機能不全

記者クラブ制度には2つの害悪がある。ひとつは記者クラブの談合による冤罪の発生、もうひとつは、政財官の権力組織と癒着して大本営化し国民の知る権利を封じてしまうことだ。

3・11原発事故の時にも、外国記者やフリーランスは東電や経産省の記者会見への出席を拒否されたり不利な処遇を受けたりしたという。原発事故のような国民の一大関心事に関わる正しい情報が、政府官庁や電力会社、大企業などの権力側に操作され、彼らが選別したニュースだけが報道されるため、視聴者は欺《あざむ》かれて真実がつたわらない。[9]

「ニューヨーク・タイムズ」元東京支局長のマーティン・ファクラー氏は、日本の記者クラブの記者会見を取材することなく、自ら福島第一原発事故地域に入り、被災住民に密着した取材から独自のスクープを書いて世界的な話題になった。日本の記者クラブからは本当のスクープは出てこないことを実証している。ファクラー記者は、日銀記者会見への出席のさい、記者クラブ会員ではない外国人記者として質問制限を受けたことについても、民主主義国の記者会見としてあり得ないことだと、私に語っていた。政府重要官庁の記者会見に外国人記者やフリーランスの参加が許可された場合でも、自由な質問はできない。日本の記者クラブの差別性と閉鎖性は、権威主義国日本のアンシャンレジームのシンボルなのである。こうした扱いを受けた国内外の記者たちは腹立たしい思いをしただろう。

しかし近年、その記者クラブの硬直を打破する動きがフリーランスの記者の間から起こり始めている。新会社に名称変更した時のジャニーズの記者会見もそのサンプルだ。ただ、既成記者クラブとフリーランスの集団は水と油の関係のようで、現状では交わることはないようだ。取材の方法や目的も異なっているように見える。事実（ファクト）を共同で発掘するという、同じジャーナリストとして共同作業しようという意思が見えない。確かに、既成記者クラブの記者とフリーランスが育ってきた環境は正反対であり、その土壌の違いは大きすぎる。

私は既成記者クラブの世界とフリーランスの世界の両方を経験しているので、ある程度、双方の立場は理解できるが、ファクト発掘に忠実なジャーナリズムの原点から見れば、既成メディアより自由なフリーランス側に可能性を見出したい。

２０２４年９月の自民党総裁選挙中、９月６日に行われた小泉進次郎氏の記者会見のテレビ報道を見たが、その記者会見に参加したフリーランスの白坂和哉氏が、「残念ながら質問には指名されなかったが、記者の指名自体に妙な不公平感を感じる会見であった」とXに投稿していた。質問する記者の指名もNHKや読売新聞などが先に行われ、司会者による恣意的な指名の印象を持ったという。既成メディアとフリーランスが混在する記者会見は、近年、官邸会見などでも行われるようになっているが、司会者の恣意的判断で指名が行われている印象は強い。

アメリカのホワイトハウスでも既成メディア記者とフリーランスは混在しているが、既成メディアとフリーランスの間の不公平感はあまりない。記者個人の実績や力量を指名する側が判断していると思う。

先述したように、イギリスで長年続いていた閉鎖的な既成有力メディアの記者クラブは、ブレア政権時代に新しい会見場所ができたことで、古い会見場所に記者が行かなくなり、結果的に解体された。イギリスの歴史的な事例は、日本でも参考になるかもしれない。既成メディアの経営陣から、改革の動きを止めるような策動さえなくなれば、やがては、フリーランスや外国記者参加をオープンに認める記者クラブ改革の動きは、自然な流れとして実現するのではないかと私は思っている。

欧米先進国のように、「ジャーナリズム」の定義が曖昧なまま、報道資源も人材も乏しい日本のメディア業界で、既成メディアとフリーランスが角つき合わせている場合ではない。そういう「開かれた場」ができあがるためには、マスコミ業界だけでなく読者・視聴者も巻き込んだ世論の強い後押しが必要なことは言うまでもない。記者クラブのフリー化、正常化とジャーナリズムの確立は、日本の国益にとって最重要の課題だろう。

第5章

「駆け込み寺」と化した日本外国特派員協会

伊藤詩織さんの記者会見は何を明らかにしたか

2015年、ジャーナリスト伊藤詩織さんに対する性加害事件が起こった。TBS元ワシントン支局長山口敬之氏に就職の相談をしていたときに発生したこの事件は、日本の#MeToo運動の先駆になったとされている。

伊藤さんは、警察やメディアに対して自分が遭ったレイプ被害を訴え続けた。一方の山口氏は当時の安倍晋三首相と懇意で、首相を持ち上げる『総理』（幻冬舎、2016年）という本を出版するなど、官邸人脈にも食い込んでいた。またテレビの政治コメンテーターとしても活躍していた。伊藤さんは自ら調べた被害事実を積み上げ、高輪署に被害届を提出、警察の捜査が行われる中、山口氏への逮捕状が裁判所から発行されるに至った。

しかし逮捕状は直前に執行停止となり、山口氏逮捕には至らず、後に書類送検となったものの、結果は「不起訴」となった。この経緯の顚末に関して、伊藤さんは捜査関係者から警察上層部からの圧力があったと聞かされた。

約2年後の2017年10月24日、東京の日本外国特派員協会（FCCJ）で、被害者の伊藤詩織さんの記者会見が開かれた。会見には山口氏の出席も求めたが彼は来なかった、と司会者が告げた。

ジャーナリストを志望していた伊藤さんは、ワシントンから東京に戻っていたという山ロ氏にアメリカでの就職斡旋《あっせん》の相談をしている中、すし屋などで食事を共にした後、酒に酔って意識のない状態で山口さんが宿泊している都内のホテルの部屋に連れ込まれ、性被害を受けたという。目が覚めたら、同意のない性行為を強いられたことに気が付いた、と語った。

伊藤詩織さんが外国記者の前で語った性被害内容の概略は以下のとおりだ。[1]

私は2年前にレイプされました。私の将来の夢はジャーナリストになることで、ニューヨークの大学で、ジャーナリズムと写真の勉強をしたあと、日本へ戻り、ロイター通信でインターンの仕事をしていた。2015年4月、ニューヨークで会ったことがあるTBSワシントン支局山口敬之支局長にメールで相談した後、「就労ビザの件」で話をしたいと言われ、夜の食事に誘われた。酒は少し飲んだが、私は途中で意識を失った。激しい痛みで目が覚めたとき、彼は私の上に居て私は挿入されていた。それがいまの私が直面している悪夢の始まりだった。

家族や知人にも相談できず、自力でレイプ救援センター、病院、警察を探し、助けを求めようとしたが、誰も助けてくれなかった。そのとき、日本の社会システムは「性犯罪に対しては機能していない」と知った。

「よくある話で、この話は難しい」「密室の中の話だからよほどの証拠がないと立件は難しい」と被害を訴えた警察署の人たちにも言われた。司法の世界にそんなタブーがあるなら、同様の被害に苦しむ人々のためにも、社会を変える挑戦をしたいと私は思った。

日本ではなかなか表にしにくい、場合によれば、業界の中で仕事もできなくなるかもしれないと警察関係者に言われ、示談を薦められたこともある。また日本では30％以上の人が告訴を取り下げ示談にしているということも知った。性被害を犯罪として告訴する割合はわずか5％程度でしかないという。

山口さんは「知名度や名声がある人物」だから、よけいに難しいという声もあった。強い告訴の意志によって高輪署からの逮捕状は出されたが、直前に逮捕執行停止になった。性被害にあった被害者が世の中の表に出られず、なぜ隠れて暮らす必要があるのか、理解できなかった。

結局、山口さんに対する警察の逮捕はなく書類送検になったが、証拠不十分という理由で、検察も事件を不起訴とした。私は自分で事件を調べ直して被害証拠を集め、検察審査会に「再審の申し立て」をした。しかし検察審査会は「不起訴をくつがえす理由はない」と再審を認めなかった。その詳しい理由の説明はなかった。

私は捜査官に頼み、連れ込まれたホテルの防犯カメラの映像解析をホテル側に依頼し、当日の私が泥酔状態で部屋に連れて行かれる映像を、消される前に確保し、当日、山口さんに乗せられたタクシー運転手を探し当てて、話を聞いていた。「私が泥酔してタクシー車内で嘔吐し、「最寄りの目黒駅で止めて」と繰り返し頼んでいた」と運転手は証言していた。

伊藤さんは他にも以下のような話を端的に語った。

山口さんと会ったのはビザの話をするためで、二人で会ったのはその時が初めて。恋愛感情はなかった。

私が泥酔している状態を山口さんは認識していた。山口さんは自分が宿泊するホテルの部屋に泥酔状態の私を連れていった。そこで性行為があった。下着から採取されたY染色体が山口さんのものと一致している。

逮捕状の執行をしなかったのは当時の捜査トップ、中村格《いたる》警視庁刑事部長の判断とされるが、私はその理由を中村氏へ繰り返し問い合わせてきた。しかし中村氏は回答をせず、逃げるばかりだった。

ちなみに、中村氏は後の警察庁長官で、当時の菅義偉内閣官房長官の秘書官だ。危機管理能力では絶大な信頼を得ていた人物と言われる。その中村氏が、「私が決済した」と山口さん逮捕見送りを認めた記事が「週刊新潮」（2017年5月18日号）に出ている。「週刊新潮」編集部は中村氏本人に「トップの意を受け、あるいは忖度して捜査を中止したのか」と問うと、「ありえない。（山口氏の立場に）関係なく、事件の中身として、（逮捕は必要ないと）私が決済した。（捜査の中止については）指揮として当然だと思います。自分として判断した覚えがあります。事件が最後にどう評価されているかを見てもらえば……」と答えたという。[2]

準強姦罪の案件なので、任意同行でなく強制性のある逮捕でないと意味がないという認識は警察内部にもあったという。しかし「山口逮捕」の情報を知った本部の広報課長が「TBS記者を逮捕するのは大ごとだ」と捉え、刑事部長や警視総監にも情報が届いた。

記者会見の会場からは次のような発言があった。

イタリアの記者ピオ・デミリア氏は、「逮捕の執行停止と言えば、戦後の造船疑獄汚職事件で佐藤栄作自民党幹事長逮捕の許諾請求をした検事総長に対して、当時の犬養健法相が許可しなかったいわゆる指揮権発動事件があった。日本では今でもそんなことが行われているのか。政治が司法に介入するのは民主主義にとって極めて危険だ」と言った。

フランスのフィガロ紙記者は、「この問題への日本女性の関心が薄いという話を聞いたが、女性たちの連帯が生まれているのかどうか。また女性による伊藤さんバッシングもあったというが、日本の（ジェンダー格差で）女性の地位は低いのだろうか」と質問した。

イギリスの軍事専門誌で仕事をしているという高橋浩祐氏は「私も欧米でジャーナリズ

ムを学んだので、伊藤さんのジャーナリズム観と同様、苦しんでいる人々、弱い立場の人々を取材して世の中や世界の真実を伝えるべく、仕事をしている。しかし、日本のメディアの主流は「アクセス・ジャーナリズム」で、権力や権威にアクセスできる一握りの記者が優遇され世に認められて出世する仕組みがあり、欧米ジャーナリズが目指すものとは違う。伊藤さんの事件の事実報道をしたのは「週刊新潮」たった1誌だけだったという話には驚く。こうした中で、自分に降りかかった災禍を自ら告発した伊藤さんの強さに敬意を表します」と意見を表明した。

これに対して伊藤さんは、「自分は強いのではなく、「自分が体験した真実」を伝えなければ、本当のジャーナリズムではないと信じるから、戦いました。また同じような災禍が私の大切な人の身に降りかかったらどうするか、それを置き換えて考えて、やってきました。日本の人権問題意識が弱いことは、日本の報道の自由度ランキング70位を見ても明らかか」と答えた。

山口氏と同じTBSの看板番組のMCをしていた金平茂紀氏が質問した。「私も同じ会社のワシントン支局長をやりました。かつての同僚、部下だった者が、就職の相談を受けてこうしたことを行うなどあってはならない、言葉もありません」と言った。しかし金平記者の言葉の中に「もしこれが事実であるなら」という文言があったのがひっかかった。伊藤さんは事実だと言って外国特派員協会で記者会見しているのに、「信じたくない」という気持ちの表れか、TBSの名誉を守りたいのか。金平キャスターが担当する「報道特集」は、日本のテレビ報道中では信頼性が高い番組と評価していたので、釈然としなかったことを覚えている。また山口氏はこの番組のプロデューサーを務めていたこともあるという。TBS組織に問題があるならはっきりとそこを指摘してほしかったと思う。さらにTBSがこの事件の報道に腰が引けていた理由は、自社の不祥事を隠したかったからなのか。これは多くの視聴者が感じていた疑問である。

1996年3月25日、「news23」の筑紫哲也キャスターが「TBSは今日、死んだに等しいと思います。今日の午後まで私はこの番組を今日かぎりで辞める決心でおりました」と番組冒頭で語ったことがあった。オウム真理教の犯罪を追及していた坂本堤弁護士一家を、オウム側が拉致して殺害した事件。その発端は、TBSがワイドショー番組用に収録した坂本弁護士へのインタビューテープを、坂本弁護士に通告することなくオウム側に見せたこと（1989年）が原因だったが、TBSはこれを隠蔽していたのだ。オウム事件の捜査が進展し、約7年後にTBSが隠蔽していた事実が判明した。この時、筑紫キャスターが語った言葉を思い出した。

「ひとつお聞きしたい」と金平記者は続けた。「警察側が被害者の伊藤さんに示談を薦め、弁護士紹介までやっているのは納得できないおかしなことですが、その話は警察から持ち込まれたのか」。これに対して伊藤さんは、「山口さん側から高輪署へ通知してきたと聞きました。私は執行されなかった逮捕状がどうなったのか、知りたかった。それを知るために支援してもらえる弁護士を探していた。警察から紹介された弁護士からも示談を薦められたが、私は示談をするつもりはなかった」と答えた。

しかし同じTBS記者として、この事件を報じてこなかったTBSの会社責任をどう考えているか、TBSの記者たちはこの事件をどう受け止めていたのか、むしろ私はそこが知りたかった。恐らく伊藤さんも同じ気持ちではなかったか。外国特派員協会で記者会見が行われる前に、TBSは報道機関として、会社組織としてのコンプライアンスの面からも、何らかの報道をする義務と責任があったのではないかと思う。TBSが内部調査して率先して報道すれば、他のメディアも続いて報道したかもしれないし、伊藤さんの心身にかかった重い負荷は幾分か軽減されたのではないか。金平キャスターの「報道特集」を見てきた者として、記者会見場でこの事件に触れるなら、もっと心に響くジャーナリストとしての言葉を聞きたかったと思う。書類送検後、検察官から事情聴取を受けた山口氏はすでにTBSを退社していたというが、山口氏がTBSワシントン支局長の肩書のもとで起こした事件だから、TBSの「コンプライアンス上の責任」は存在するはずだ。

日本外国特派員協会の記者会見とは

日本外国特派員協会の記者会見は、外国人記者だけではなく、日本メディアの記者や記者クラブ会員ではないフリーランスの参加も認められている。閉鎖的で差別的な記者クラブの記者会見とは違い、日本では唯一の開かれた記者会見場なのである。

実は伊藤さんのＦＣＣＪ会見は、約半年前の２０１７年5月に予定されていたが、当時この事件は、「Too personal, too sensitive（個人的で、センシティブにすぎる）」という理由で実現できなかったという。その後、ＦＣＣＪはこれを改め、開催にこぎつけた経緯がある。

なぜ5月の記者会見は実現しなかったのか。これについてＦＣＣＪ側は、「性犯罪被害者の記者会見の先例はありますす。ストーカー被害に遭ったオーストラリアの女性がここで記者会見を行ったことがあるが、このときは犯人の有罪がすでに決まっていた。しかし伊藤さんの事件はまだ捜査中だったこともあり、5月の記者会見は見送りになった」と答えている。同協会の記者会見委員会が一転して伊藤さんの記者会見を認めた背景には、事件を「不起訴」とした検察の決定に対して、伊藤さん自身が「検察審査会」への「再審請求」をしたこと、伊藤さん自身が受けた被害事実を自ら調べ上げ、事件の経緯と証拠データを克明に記録した著書『Ｂｌａｃｋ　Ｂｏｘ』を文藝春秋から刊行したことなどが理由として挙げられるだろう。伊藤さんの著作は「真実はどうだったか」を追求したノンフィクションとして、世論の反響は大きかった。

伊藤さんは検察審査会への再審請求をきっかけに、２０１７年5月29日、東京地裁の一室を借りて司法記者クラブの記者会見を開いている。その時は名前を出すだけで姓は伏せていたこともあり、日本の主要メディアの反応は冷たく、報道はほぼなかった。

ある新聞記者に「自分の娘だったら、報道はできないが、顔を見に来るだけの記者たちに囲まれ、興味本位の質問をされるなんて考えられない」と言われたという。司法記者クラブで記者会見に現れた記者は冷やかしだったのだろうか。記事の見出しに「逮捕」「起訴」の文言が踊らなければ、記事は書けないというのか。

とはいえ、このFCCJの記者会見によって日本の新聞やテレビが部分的に引用する形で「外圧報道」をしたこと、伊藤さん自身が自分が遭遇した事件の顚末を描いた著書が刊行された後だったので、メディアの関心度や注目度は上向いた。

しかし加害者として告発された相手はTBSのワシントン支局長の政治記者で、安倍晋三首相に密着取材したノンフィクション『総理』を出版する間柄、官邸人脈にも食い込む人物だったので、日本の報道機関は及び腰であった。この事件の報道には「政治的忖度」と「メディア業界のかばい合い」が働いたことは想像に難くない。

伊藤さんの著作のタイトル『Black Box』とは、警察に訴えた時の捜査の過程で関係者たちからしばしば聞いていた言葉だったという。捜査に係る人々の間で「ブラックボックス」という言葉があちこちで使われていたことを国民は知らないだろう。

外国特派員協会の記者会見を契機に、それまで鈍かった日本のメディアの報道が活性化したことは確かだった。伊藤さんと山口氏双方の情報発信も加速した。同時にSNS上での伊藤さんへの誹謗中傷が増え、伊藤さん側からの民事訴訟等の提訴が行われた。

2017年9月28日、山口氏に対して「望まない性行為で精神的苦痛を受けた」とする伊藤詩織さんの損害賠償が提訴された。一方、2019年2月、山口氏側から伊藤さんに対する「名誉棄損の謝罪広告掲載」を求めた反訴が行われた。2022年1月25日、高裁判決で伊藤さんの勝訴となったが、山口氏側の反訴の一部は容認された。

2022年7月7日、最高裁の決定で双方の上告が棄却され、民事事件は終結している。2019年12月18日の東京地裁での判決を受けて、日本外国特派員協会で二度目の記者会見が行われた。この会見では伊藤さん、山口氏双方が弁護士を伴って別々の記者会見が行われた。

判決に対する双方の意見を聞く形の記者会見だったが、伊藤さんは「勝訴の喜び」を語ったが、山口氏は「この裁判は極端に一方的で偏っている。私は無実だ」と主張、山口氏の弁護士は「山口さんは絶対にレイプ犯ではない」と言い、裁判結果に対する意見は真っ向から対立した。

しかし、山口さんの会見を聞いた海外特派員が投げかけた質問は、厳しい内容だった。そのQ&Aは以下のようなものだった。

Q（特派員の質問）「逮捕状が取り消しになったことについて、「上級国民扱い」という言葉があるが、菅さんたちに力を借りたのか」
A（山口氏の答え）「この件について政治家、権力者、警察、誰にも助けを求めたことはないし、逮捕状が出ていることすら知らなかった」
Q「友人である安倍首相ともこのことについて話したりしなかったのか」
A「私は犯罪を起こしていない。報道が出た後は、私が誰かにメールや電話をすることは誤解を招くと思い、連絡を絶った。どの官僚にも政治家にも助けを求めていない」
Q「なぜ伊藤さんが嘘をついていると思うのか」
A「彼女が嘘をつく理由を想像するのはとても難しい。人間性、信頼性を攻撃したいとは思わないが、国内外の注目を集め、この裁判を通して多くのものを得ている」
Q「駅まで5分の距離を彼女が酔っ払って歩けなかったなら、なぜホテルに連れていったのか。酔っ払って意識がない彼女と、なぜセックスしたのか」
A「伊藤さんは非常に酔っていた。なので私のホテルに来てもらった。部屋に入るなり彼女は嘔吐した。ブラウスを汚したので、私が洗って干した」
「伊藤さんはその後、私のベッドで2時間くらい睡眠をとり、おそらく午前2時ごろ、トイレに立ち、ミニバーの水を自分であけて飲み干した。その段階では、普通に話していて酔った状態ではなかった」

Ｑ「どうしてタクシー運転手にお金を渡して、家まで送るようにしなかったのか」
Ａ「ベストな考えだったかと聞かれれば他の選択肢があったとは思うが、こういうことを起こしてしまった以上、今は非常に反省している」
Ｑ「あなたには彼女に仕事を与えられるという力関係があったが」
Ａ「私が支局長で仕事をあげるからセックスしろというようなことは一切言っていない。私は立場を利用しようとしたことはない」[3]

山口氏は「この件について、政治家、権力者、警察、誰にも助けを求めたことはない」と話している。しかし「週刊新潮」は、「当時の中村格・警視庁刑事部長が管轄署である高輪署の捜査を邪魔して逮捕状を握り潰さなければ、山口氏を一躍スターダムに押し上げた『総理』の出版も、その後のコメンテーター活動も、ありはしなかったのだ」[4]と書いている。山口氏を一躍スターダムに押し上げた『総理』の刊行時期は２０１７年４月11日で、不起訴後の時期と重なっている。

「山口氏が以前から「北村氏」に私のことを相談していたことが、わかった」という記述が『Ｂｌａｃｋ　Ｂｏｘ』にある。「週刊新潮」によると、「編集部が山口氏に送った取材依頼を、彼は「北村」という人物に転送しようとして、誤って編集部に転送してしまった」。「週刊新潮」はその件についても報じていた。「北村さま、週刊新潮より質問状が来ました。伊藤の件です」というメッセージが添えてあった。

　文中にある「北村」とは「北村滋内閣情報官」のことではないか。彼は内閣情報調査室のトップであり安倍内閣の官房副長官を務めた人物で「総理の一番近くに居る人物」の一人だ。「週刊新潮」編集部がこれを山口氏に質すと「私がこの件を含む様々な相談を差し上げている民間人のことでご相談の人物ではない」と否定し、北村氏は「何もお答えすることはありません」と言った。官邸と山口氏の関係に詳しい記者たちに聞いてみたところ、「北村滋以外ないでしょ」と誰もが口にする。「山口氏の周囲に総理周辺の名ばかり挙がるのは偶然だろうか」と同誌は指摘している。

「Open the Black Box」：伊藤さんの民事裁判を支える会の活動

　伊藤詩織さんの民事裁判を支える会「Open the Black Box」が発足したのは2019年4月のことだ。約150人の会員、弁護士らが定期的に会合を開き、伊藤さんの話を聞いてきた。刑事告訴の壁にぶつかった「ブラックボックス」を開けたいという伊藤さんの思いを共有した男女の集まりだった。

　活動目標の中には、被害者の名誉、人権を守り、プライバシー侵害に対処するなどの文言があった。伊藤さんに対するネットの誹謗中傷には、投稿の削除をプロバイダーに求め、検索エンジンによる表示を制限する「プロバイダー責任制限法」の制定にも取り組んだ。

２０２２年７月７日、伊藤さんが山口氏に性暴力被害を受けた損害賠償の民事裁判の上告審で、最高裁は双方の上告棄却の決定を出した。この最高裁判決の後、同会は以下のような声明を出している。

これにより、山口氏が同意なく性行為に及んだ事実を不法行為と認定し、山口氏に対し３３２万円余りの損害賠償を命じた控訴審判決が確定しました。

まず初めに判決確定にいたるまで、この裁判を支え続けてくださった多くの支援者のみなさまに心からの感謝を申し上げます。

実に性暴力の被害から約７年、民事訴訟を提起してから約５年もの歳月を要したことになります。

伊藤詩織さんがご自分の顔と名前を明らかにされたのが２０１７年10月（註：日本外国特派員協会の記者会見）のことでした。

この間、伊藤さんは「性犯罪の被害者を取り巻いている社会的・法的状況が被害者にとって、どれほど不利に働くものなのか」を訴え続け、粘り強く問題提起をしてきました。

この民事裁判の本訴の結果は、その努力が結実したものといえるのではないかと思っています。

また同時に、伊藤さんを支援するみなさん一人ひとりが、それぞれのおかれた場所で、共感を広め一緒に闘ってくださった結果であるとも思っています。

またこの間、支援者のみなさま方から、たくさんのあたたかいメッセージをいただきました。

一例をあげますと「あなたが声をあげてくれたことで、この世の中でどれほどの人たちが勇気と力を与えられたでしょうか」、「わたしはあなたです」、「あなたの痛みは私たち全ての痛みです」等。

同じ痛みや苦しみを抱える方々からも本当に数えきれないほどのメッセージをいただき、伊藤さんは支えてくださるみなさんとともに、この裁判を闘い抜きました。[5]

同会の支援者の中からは、「彼らを告発すれば、たちまち私が名誉棄損の加害者とされる。社会が変容しない限り、社会から出ていくことを勧められるのは性加害者ではなく、性被害者だ」という声もあった。[6]

問題提起に対して「名誉棄損」で逆告訴される事案は、性被害だけでなく社会のさまざまな局面の中で発生している。俗に言う「スラップ訴訟」だが、権力、権勢を持つ者が批判者に対して到底支払えないような多額の損害賠償金を請求するケースがしばしば見られ、裁判の公正を妨げる懸念要因にもなっている。

しかし「伊藤さんに励まされた」という多くの人々の声が同会には届いており、性被害という密室の「人権問題」の提起は、大きな「ひとの輪」を描いて、日本から海外へと広がることになった。

なぜ、主流の「記者クラブメディア」は報道しなかったか

伊藤詩織さんは、「マスコミの冷たい反応」について著書で指摘している。先述したように、この事件は当初、日本の巨大メディアが報じることはなく、海外特派員たちの在日組織・日本外国特派員協会が初めて取り上げた。それをBBCがドキュメンタリー「日本の秘められた恥」で報じて世界的なニュースになった。

前章で指摘してきた、人権感覚が希薄な日本の記者クラブメディアが繰り返す同じパターンの構造的欠陥が見えてくる。日本の巨大メディアは伊藤詩織さんの性被害事件を知りながら沈黙した。性被害に遭いながら息苦しい生活を強いられた伊藤さんは、日本を脱出しイギリスの人権団体の招きでイギリスで暮らすようになり、現在はジャーナリストとして世界を舞台にした取材活動をしている。

BBC報道は、戦後の国連憲章の冒頭に掲げられた「基本的人権の重視」が日本の政治やメディアに欠如していると訴え、日本が変わるためのヒントを示唆している。「日本の秘められた恥」というタイトルは、日本論の古典である『菊と刀』を書いたルース・ベネ

ディクトの言う「恥」に反応する独特の文化を持つ日本人に対する「外圧報道」として効果的だったことは、言うまでもない。その恥は、果たして日本社会とメディアを変えることができるだろうか。恥の上塗りを重ねる日本は外圧など気にもせず、恥の現場に止まり続けるのだろうか。BBCはこの事件を「日本の恥」と表現しているが、この恥の本質は「人間の尊厳」の毀損である。

山口氏はテレビの政治コメンテーターとして大活躍していたのを私は覚えている。視聴者から見た山口記者は権力者のインナーサークルの一員に見えただろう。日本型のいわゆる「アクセスジャーナリズム」の典型で、欧米メディアで言う権力の監視者である「ウォッチドッグ」の記者とは真逆に見えた。

記者会見で質問をしたある海外特派員は、「上級国民」という言葉を使い、有力政治家の特権的な力を借りたのではないか、といぶかる質問をした。欧米のジャーナリズムの視点で言えば、「上級国民」の山口氏はメディアに監視される立場にあった人物なのだ。

BBC番組では、伊藤さんが泥酔して嘔吐したホテル、すし屋などの現場の映像に触れ、事件を取材したニューヨーク・タイムズのモトコ・リッチ東京支局長の「山口氏と安倍首相の近い関係から、この事件には政治的介入があったのではと大勢が指摘している」との談話を紹介している。このように海外報道の多くは、この事件には「有力政治家の介入があった」と見ているのである。しかし山口氏は政治的介入疑惑をすべて否定し、性行為には「同意があった」と主張している。

日本が男性優位社会で女性は被害の声を上げにくい状況があることはよく知られている。性加害に遭った女性のうち、声を上げるのは全体のたった5％程度で、多くは告訴せず泣き寝入りのままか、示談で済ませているという。当時の日本の刑法は合意の有無は準強姦罪の要件に含まれておらず、暴力や脅迫があったことを証明しなければならない。欧米社会では常識とされていることが、日本では通用しない。また日本の強姦罪は2017年の「強制性交罪」への法改正まで100年以上も変わっておらず、日本社会では性暴力が軽視されてきた。BBC番組は、男性優位の日本社会の人権意識の希薄さを指摘した（2023年、改正刑法で「不同意性交等罪」が施行された）。

伊藤さんの事件の跡を追うほどに、ジャニーズ事件と同じような「男性社会の強固な岩盤主義」、かつて東西世界を分けた「ベルリンの壁」を思わす強固な「隔離障壁」にぶつかる。この岩盤のような隔離障壁からは、「非文明的野蛮」のイメージが浮き彫りになってくるのを禁じえない。

自由を求めて活動拠点を海外に移した伊藤さんだが、2024年1月、アメリカのユタ州で開かれた独立系映画祭「サンダンス映画祭」で、伊藤さんが監督の映画「Black Box Diaries」が、国際長編ドキュメンタリー部門に出品された。自身の性被害体験をテーマにしたドキュメンタリー映画だが、彼女の勇気あるジャーナリスト魂への共感が集まり、コンペティション作品に選ばれた80点中、ロサンゼルス・タイムズ紙はベスト10作品に選んだ（2025年、第97回アカデミー賞長編ドキュメンタリー映画賞にもノミネートされた）。

2015年、検察捜査で「不起訴処分」とされた不信感から、自力で証拠資料や証言を集めた伊藤さんは事件を再構成してドキュメンタリー映画を作ったのだ。サツ回りの新聞記者が足で稼いで調査報道記事を書く手法だが、それと同じことを、被害者の伊藤さんが自力でやってのけた。一人のジャーナリストが性被害者となり、自力で事件を追及したケースは、日本のジャーナリズム史上、稀有なことだろう。

伊藤さんの仕事は、日本の主流メディアに欠如する欧米型の調査報道だ。この映画では、民事訴訟で勝訴するまでの約400時間に及ぶ映像資料を使ったといい、これらが映画製作の元になった。

宗教2世の苦しみ――悲痛な訴え「子供の権利を奪うな」

安倍首相暗殺事件で、旧統一教会宗教2世の問題が急浮上してきた。かつての統一教会の「霊感商法」の問題は、私が「朝日ジャーナル」記者をしていた1980年代末ごろから、週刊誌の話題になっていた。当時の「朝日ジャーナル」編集部には、霊感商法問題を追及していた現衆議院議員の有田芳生氏がおり、氏の書いた記事は何度か目にしていた。

しかし当時はまだ、問題の深刻さがそれほど世間では理解されておらず、信仰の名のもとに、信者たちに高額の壺や商品を売りつけて現金を稼いでいた組織と政治家との結びつきも解明されていなかった。新興の「カルト教団」という認識しかなかったのが正直なところだ。やがて時が経つとともに、週刊誌報道は下火になり世間からも忘れられ、一時、問題は消えたようになっていた。

ところが安倍晋三元首相暗殺事件を起こした山上徹也被告の母親が旧統一教会の熱心な信者で、教団に1億円を超える高額な献金をして自己破産し、家庭は崩壊、奈良の名門高校を卒業しながら大学進学ができなかったなど、被告の家族や生活歴の断片がマスコミに報じられたことで、この教団をめぐる社会問題が大きな注目を集めて再浮上した。

とりわけ2021年9月、旧統一教会系のフロント組織UPFが開催した国際集会に、安倍晋三元首相と米国トランプ前大統領が揃ってビデオ出演し、教会幹部に祝辞を述べたことの世界的な影響力は大きかった。旧統一教会問題に詳しいジャーナリスト、鈴木エイト氏は、「山上が事件前にルポライターへ宛てた手紙の内容から「最も影響力のあるシンパ」として安倍を狙ったことが判った」と指摘している。また山上被告も奈良県警の取り調べに対して、そのような供述をしていることが報じられている。[7]

事実、旧統一教会問題は世の中から消えていたのではなく、水面下で政権与党である自民党と深く結びついていて活動していたことが判明してきた。一方、教団側は日本の信者たちから入ってくる多額の献金を集めて、韓国の教団本部へ送金していることもわかった。

どのようにして教会と自民党など多数の議員たちが結びついてきたか、克明な調査を、鈴木エイト氏が著書『自民党の統一教会汚染』（小学館、2022年）で明らかにしている。

鈴木氏は、かつての霊感商法問題が消えたように見えていた2002年ごろからこの問題の取材を行っており、安倍元首相と教団との関係の深まりを始めとする関係政治家たちの膨大なリストを明らかにしている。安倍元首相暗殺後に判明した新しい事実の詳細な取材記録や、自民党だけでなく、野党にまで張り巡らされた国会議員と教団の相関図の実態も見えてくる。

鈴木氏によれば、与野党の現職国会議員168人が旧統一教会関連団体と関係があった。教団は彼らの得票集めに働き、その見返りに日本の政治や政策に影の影響力を振るっていたとすれば、まことに空恐ろしい話である。国を乗っ取られていたのではないか。そんな疑念がわく。

そうした中、安倍元首相暗殺事件を機に急浮上したのが、「宗教2世」の問題だった。

小川さゆりさん、日本外国特派員協会で記者会見

記者会見場に、顔の半分をマスクで隠した小川さゆりさん（仮名）が登場した。「写真撮影はご遠慮ください」と司会者が念を押した。人権擁護の点で、それほど困難な多くの

問題を含んでいることがわかる記者会見だった。

以下は2022年10月7日、日本外国特派員協会の記者会見で、旧統一教会（世界平和統一家庭連合）元信者の小川さゆりさんが話した会見内容の概要である。

私は統一教会信者でした。教団の合同結婚式で結婚した両親に育てられ、父は地区の教会長、母は教会から出馬する議員（市会議員）選挙のウグイス嬢などもやり教会活動に忙しい毎日だった。教義本など関連本を閲読し、教義を守る規則的な毎日の生活で、恋愛も禁止されていました。両親が親戚を勧誘して金の無心をしたり、壺などを販売しようとして逆に怒られている姿を見たりしました。高校時代には貯金したバイト代200万円を母に取られました。両親は介護が必要になった祖母に暴言を浴びせるようになりました。祝福を受ける修練会に参加するために韓国の教会まで出かけたが、そこには精神崩壊した人たちがたくさんいました。私も精神の安定を失い精神病院へ入院したが、その間に貯めておいた貯金を母に奪われてしまった。こういう生活から解放されたくて家を出ました。安倍首相の暗殺事件の後、苦しんでいる2世などの方々に出会い、もう宗教で苦しむ人をなくしたいと思いました。信者の被害の実例を集めて紹介する仕事も始めました。その事例のいくつかを紹介すると、信仰の強制による不登校で3日間の断食をさせられた。知らない間に学費ローンを借りられ勝手に使われたりした。両親は自己破産した。セクハラを受けた。妊娠中に霊能者の人に脅されて献金した、など多くの被害事実の報告がありました。

なぜこういうことが起こるか、そこには教会と信者の間の構造の問題があります。韓国はアダム国、日本はイブ国です。日本はアダム国の経済を助けるための莫大な金を信者に要求し、果たせないと地獄に落ちる、祖先が苦しむとかの教義上の脅迫を受ける。献金のために家庭の犠牲があっても、それは教会への「貢献」と見なされます。

そこでは子供の権利は無視される。進学も制限される。すべてが連帯責任なのです。信仰に背くと家族全員が地獄に落ちると言われます。地獄に落ちないように親を守り、子を守るのは教団の教義で、それは連帯責任と言われます。

こうした問題を行政に相談しても、「宗教」という理由で無視されます。しかし法律面では子どもの権利条約があります（註：ユニセフの子どもの権利条約には、「子どもの最善の利益」「差別の禁止」「子どもの意見の尊重」「生命、生存及び発達に対する権利」の4原則がある）。条約は無視され、献金被害も放置されています。さらに「信教の自由」の保護という理由で宗教団体は守られている。いくら相談しても、宗教を理由に行政は問題を受け入れてくれない。条約は無視、放置されています。

多額の献金被害を制限する法律もない。宗教のカルト集団が多額の献金被害で問題を起こせば、文化庁は解散請求できるはずだが、文化庁はかたくなにそれをやらない。政治家への活動が大きいからです。教会はまずフロント団体で接近し、地方選挙や国会議員の選挙運動で貢献してきている。この問題を30年以上も放置、日本の行政は何もしないでいる。教団による児童虐待、洗脳が解けて苦しむ人が大勢いる。今、韓国の教会建設の資金で総額300億円の金が必要とされている。これは信者一家庭で10万円の負担になる。また献金被害総数は1000件ほどあると言われ、その被害者賠償問題も浮上しています。

国際的な補償制度を作る必要があると思います。また法制度も必要で高額献金寄付を制限する法律や法に違反する教団の解散請求できる法制度の整備が必要。日本は子どもの権利条約を批准しているが、それが機能していない。子供の被害者を助ける国際連帯をお願いします。子供の人権、利益を守る法律の制定と共に、教団に係る政治家の行動基準についても規制が必要かと思います。

会場からは以下の質問があった。質疑応答のQ&Aは以下のとおり。

Q（ジャパンタイムズ）　小川さんが体験した教団のマインドコントロールについて聞きたい。山上容疑者の母親が教団への高額献金を強いられ、生活崩壊しても依然として信者であり続けているマインドコントロールとはどういうものか。またあなたはどう脱却しましたか。

A（小川さんの答え）　信仰の背景には恐怖があると思う。教義が正しいと思っているから地獄に落ちる恐怖から逃れ、信仰によって救われたいと願うのです。信仰によって地獄に落ちる恐怖から救われると、生まれたときから「洗脳」を受けてきたので、頭では教義が間違っていることが理解できても、20年間もそう教え込まれてきた「心」のマインドコントロールはなかなか解けません。

私は最近まで病院の精神科に通っていた。解決はなかなかむつかしいが、精神が壊れるまで放置する前に、早急に法律を作って解決する必要があります。

Q（フリーランス神保哲生氏） カミングアウトして外部の人や行政などに相談する場合、どんなリスクがありますか。

A カルト組織にいることだけで差別を受けたりする。おかしな宗教に入っているだけで、リスクがあるのです。行政に「お金をとられている」と相談したが、相談を受け入れてもらえませんでした。行政側の「宗教」への理解が乏しく、相談するといろんなリスクが出てきます。そして家庭の問題は家庭で解決してほしい、宗教問題には介入できないと言われました。

Q（週刊ダイヤモンド） 教会の人はどこの議会に出馬したのですか。

A 私が通っていた地方の教会から議員選挙に出た人がいました。地方自治体の議員だったと思う。母がウグイス嬢として選挙活動をしていました。

Q（共同通信） 教会幹部に何か言いたいことがありますか。

A　個人の意見としてですが、被害者（宗教2世）に謝罪をしてほしい。韓国の教会も日本の教会も同じように失礼な態度です。私の活動のために子供たちが学校で被害に遭っていると言っているが、そんなことがあるはずはないと思います。

この会見の途中でショッキングなメッセージが入ってきた。旧統一教会側からのメッセージは、両親のサイン入りで以下のような趣旨の内容だった。「彼女は精神に異常をきたしており、（安倍元首相の）銃撃事件以降、症状がひどくなって多くの嘘を言ってしまうようになっている。そのためにこの会見をすぐに中止するように」。

以上のメッセージは会見の途中、ＦＡＸで入ってきたと日本外国特派員協会の司会者は言い、小川さんの夫が読み上げた。小川さんは送られてきたＦＡＸに目を通し少し動揺したように涙を浮かべた。そしてこう言った。

「私は18歳でその病気になり治療を続けてきました。何度も救急車で運ばれました。両親は病院に来たがお金は出してくれませんでした。夫とは4年前に結婚しました。私のことを理解してくれ、ずっと支えてくれました。私の病気は4年前に治っています。お金を返さずに、私を非難する人たちは、わかっていない。教団を解散させてくれるようにお願いします」

親からの「裏切り」、貫いた覚悟を語る

記者会見の前日、「外国特派員記者に報じてもらうことで、動くことがあるかもしれない」と、小川さんは期待をにじませていたと、MBS毎日放送の山口綾野記者が書いている。

山口記者は会見翌日のテレビ出演の打ち合わせで、小川さんと会う約束をしていた。ところが会見が終わって外国特派員協会の控え室に入ると、お腹を抱えてうずくまる小川さんの姿があった。

「病気になっていた時以上にショックでした。それでも自分は両親を信じたかった。信じていたので何もかも裏切られたという気持ちと、この組織がやっぱり間違っていることが改めて確信できたメリットもあって自分の活動は間違っていなかったと思う事が出来た」と小川さんは語ったという。

この会見から1週間後、教会はFAX送付に関する次のような公式見解を発表した。「会見中止を求めたのは、あくまで「親心」からで、小川さんの病状を公開する意図は全くなかった」と。しかし、いくら両親の署名があったとしても、小川さんは親元を離れている成人で社会人であり、「精神に異常をきたしており……」という文面を記者会見中に送り付ける行為は人権侵害や名誉棄損、人間の尊厳の毀損にあたるのではないだろうか。

この件で体調を崩した小川さんはテレビ出演を控えることにしたというが、子どものころのこんな思いを、山口記者に打ち明けたという。

「幼少期から、教会に疑問を抱きながらも「熱心な信者」であり続けた。根底にあったのは「親に愛されたい、認められたい」という思いだった」。「教会の教えに背くことは教会の「祝福結婚」で生まれた、自分のアイデンティティをも否定することにもなる」とも言った。そんな葛藤をいつか両親がわかってくれるかもしれない……。その「１％」残っていた子どもの期待をも、ＦＡＸは打ち砕いた様子だった。小川さんはしばらく療養することを決めた。[8]

メディアと政治の機能不全

２０２４年９月の自民党総裁選挙は、世論の注目を集めた「裏金事件」や「旧統一教会との癒着」疑惑が世論の不信感を増幅し、政治への信頼度を失墜させていた中で行われた。自民党を立て直すと、総裁選には９人もの候補者が立候補し、連日テレビ討論会が行われたが、肝心の争点そのものは候補者の数の多さで希釈され、「自民党を立て直す」にしては、本気度や熱意に欠けた総裁選だったと思う。

そんな総裁選のさ中（２０２４年９月17日）、旧統一教会幹部との間で、自民党候補者の参院選の選挙協力確認をめぐる面談が自民党本部の総裁応接室で行われていたことを示す写真が、朝日新聞（朝刊）で初めて報道された。この報道を受け、TBS「news23」の小川彩佳キャスターは、スタジオに集まった9人の候補者に対し、「総裁に選ばれたら、旧統一教会と自民党議員の関与について、再調査するか。再調査するという方は挙手してください」と質問した。石破茂氏だけが手をモゾモゾ動かしていたが、挙手はしなかった。挙手した候補者はゼロだった。

　自民党にとって旧統一教会の問題はもう終わった問題なのか。総裁候補者たちのこの関心度の低さには唖然とした。こんなことでは、「駆け込み寺」化した外国特派員協会記者会見の出番はますます増えるのではないだろうか。

　2021年9月に安倍晋三元首相が韓国の旧統一教会フロント組織にビデオメッセージを送っている。だがこの件を報道したのは「「週刊ポスト」「FRIDAY」「赤旗」「実話BUNKA超タブー」などで、テレビや大手新聞などの一般メディアは見向きもしなかった」と鈴木エイト氏は言う。「どうせ大手メディアは報じないだろう、自分の政治生命、選挙、自民党の選挙、支持率などには何の影響もないだろうという安倍の〝読み〟は的中した」と鈴木氏は指摘している。[9]

　安倍元首相だけでなく、日本の大方の政治家や官僚、学者、ジャーナリストなど世論に影響力のある人々は週刊誌や雑誌、芸能雑誌をほとんど読まない。主流メディアの動向は記者クラブで押さえているし、巨大メディア幹部とは会食を繰り返しながら、既得権益の分け前を与えて関係を維持している。だから週刊誌や芸能雑誌が何を書こうと影響はないと政治家は高をくくっているのだ。

メディアが「自由な討論」をでき、「怖れも阿《おもね》りもなく」(ニューヨーク・タイムズ社是)事実を語ることができる日本外国特派員協会の記者会見は、「日本の事実報道」にとって貴重な存在であることは、間違いない。「そこで話せば何とかなるかもしれない」と、小川さゆりさんは期待を込めて、旧統一教会の2世信者が置かれた苦しみを訴える記者会見場として、外国特派員協会を選んだという。隠された教団2世の諸問題を世界に発信することで国際世論が高まり、改革への一歩につながった。伊藤詩織さんも、日本の司法記者クラブの記者会見より、外国特派員協会で「真実を語る」ことに希望をつないだ。

元自衛官が訴えた性被害

2023年12月13日、元陸上自衛官五ノ井里奈さんは、所属部隊で性暴力を受けた問題を、日本外国特派員協会記者会見で、顔と実名を出して訴えた。この時の記者会見を、日本のテレビ各社が引用する形で報道した。しかしNHKとフジテレビ、テレビ東京は報道しなかった。その一方、日本テレビやテレビ朝日、TBSは、夕方や夜の主要ニュース番組で、五ノ井さんが会見で語った「(男性隊員たちが)私に覆いかぶさり、腰を振る動作を繰り返していた」などの赤裸々な言葉を全国放送で報道した。「こうした詳細を初めて報じたテレビ局があっただけでなく、新聞各社もこの会見での五ノ井さんの言葉を翌日の新聞に掲載した」と水島宏明氏（上智大学文学部新聞学科教授）はオンライン記事に書いている。[10]水島教授は、この外国特派員協会の記者会見で、「それまで実態が見えにくくなっていた問題を伝えることができていた」と指摘する。

「自衛隊は私の性被害を黙殺した。だから私は実名で公表した」と、五ノ井さんは米紙ワシントン・ポストに語っている。

五ノ井さんは、未来の自衛隊員たちが安心して働ける環境が整備されることを願って、徹底的な調査を要求している。「日本には泣き寝入りしている被害者が大勢います。声を上げた人もいますが、そのリスクはあまりに大きい」と彼女は話す。「私は、この状況を変えたいのです」。

「ワシントン・ポスト」は、「日本は世界第３位の経済大国だが、先進国の中では男女平等の実現が最も遅れている。この国には、高い社会的地位にある女性が圧倒的に少ない。世界を席捲した#MeToo運動も、日本ではすぐに失速した。日本には、性虐待に口をつぐむ文化が蔓延している」と語っている。[11]

こうした五ノ井さんの勇敢な闘いは高く評価され、２０２４年３月、アメリカ政府が表彰する「国際勇気ある女性賞」を受賞した。五ノ井さんは授賞式の席上でブリンケン国務長官らホワイトハウスの要人たちにも会見している。

日本では性被害について「声を上げる」ことはタブー視されてきたが、「当事者たちが声を上げるようになったことで、日本の社会は少しずつ変化してきている」と「TBS NEWS DIG」（2024年5月18日付）は指摘している。しかし本当に変化しているのだろうか。日本の記者クラブは、なぜ自ら主宰する記者会見で被害者から直接、事実を聞こうとしないのだろうか。問題の核心はそこにある。

この背景にあるものは、日本の主要報道機関が作る「記者クラブの機能不全」と水島氏は指摘する。

第4章でも書いたように、日本の記者クラブには「同調圧力と権力への忖度が充満」しており、性被害や政治的テーマなど、人間社会や組織内に潜むデリケートな根本問題を扱うことを、避けてしまうことが多すぎるのだ。実際、日本のメディアには避けて通らなければならない多くのタブーがある。記者クラブの記者たちはそんなタブーの「地雷源」を用心深く避けながら、記事を書いている。このため、日本外国特派員協会の記者会見から事件が明るみに出たケースは多い。海外メディアの「外圧報道」を経ることで、日本での報道のタブーが解禁されるという構造がある。報道したくてもできない忖度まみれの日本の報道界の現場記者たちは、外国特派員協会が記者会見をすることを密かに期待しているのではないか。ジャニーズ問題や伊藤詩織さんの事件でも、口火を切ったのは日本外国特派員協会だったし、海外メディアの報道だった。

なぜ被害者たちは記者会見の場として、日本の記者クラブでなく外国特派員協会を選ぶのか。「事実を話したい」被害者たちが日本外国特派員協会を選ぶ理由について、「外国特派員協会では、そもそも忖度する先が存在しない。毎回、記者たちがその場で考えた質問をぶつけている。そんな真剣勝負の記者会見のやりとりはＹｏｕＴｕｂｅでも公開されている」と水島氏は指摘する。

「記者クラブはメディア側の「自律」が大切だが、実際には言葉が形骸化しているケースは少なくない。官邸クラブの会見を見ると、官僚が記者会見を進行していて、首相や官房長官が発表したいことを一方的に話すばかりで質問時間や回数も制限している。記者側の質問もまるで事前に用意した答弁を読み上げるだけの国会答弁のようで、政権への忖度やおもねりが見てとれる。形式上は記者会見となっているものの、その様子は台本のある儀式のようだ[12]」（水島氏）。

確かに、多くの重要な国内ニュースが「外国特派員協会発」として使われるような現実は、どう考えてもおかしいし、日本の記者クラブ体制は機能不全に陥っていると疑わざるを得ない。

ちなみに、日本外国特派員協会（ＦＣＣＪ）は１９４５年、ＧＨＱ占領下の日本で、東京駐在の欧米の特派員たちが集まる施設として設立された。マッカーサーが出席するＧＨ

Q記者会見を主に主宰していたが、年月が経つと、さまざまな分野の「話題の人」を招いて記者会見を行うようになり、世界の王室、政治家、ビジネスマン、科学者、芸術家、作家、スポーツマン、映画俳優、文化人など多様な人々が記者会見をしてきた。２０１１年3月11日の東日本大震災と大津波、福島原発事故の際には、世界中からジャーナリストが取材に詰めかけた。

ＦＣＣＪは海外特派員など約２０００人の組織で運営される公益社団法人で、記者会見だけでなく、映画鑑賞、音楽演奏会などの文化行事も多数行われている。また海外でキャリアを積んだ日本のメディアの記者も会員になれる仕組みで内外の差別はない。「報道機関らしさと友愛精神を生き生きと根付けせ、その歴史や、規模や、活動のいずれをとっても世界最大級の記者クラブであることは変わりません」と自らを位置づけている。[13]

事実を追究する自由なジャーナリズムだけでなく、旺盛な知識欲を持った記者たちが食事をしながら自由闊達なトークを交わすレストラン、サロンもあり、高い文化レベルを誇っている。日本中にはびこる特権的な記者クラブにも、こういう自由と平等を尊ぶ伝統文化が根付いていけば、記者会見する人々だけでなく、メディアに接する読者・視聴者・国民の知る権利は満たされ、人々の心に響くメディアが生まれるのではないか。何より、ここは読者・視聴者に隠されてきた「事実」が伝えられる唯一無二の貴重な伝統ある記者クラブなのだ。

第6章　幻の日本版FCC

GHQ占領期より後退した日本の電波制度

日本の電波、放送制度は、GHQ占領時代のほうが民主主義的だったことを、ほとんどの日本人は知らない。敗戦日本の民主化に尽力したGHQ民生局のハト派のニューディーラーたちは、日本が無謀な侵略戦争をやったのはメディアの自由がなかったためと考え、新聞と放送を政府の検閲システムから解放し、言論の自由を与えた。新聞には監督官庁なし、放送電波の許認可は独立行政法人が行うよう日本政府へ指示、アメリカのFCC（連邦通信委員会）モデルの電波監理委員会を設置させた。FCCは、1930年代にヒトラーが台頭したとき、新しいメディアのラジオや映像を駆使してファシズム政治に利用するのを見て、アメリカは危機感を持ち、邪《よこし》まな政治権力が放送電波を支配するのを防ぐための装置として考案されたものだった。このアメリカ版FCCモデルは、放送の自由への政府圧力や介入をさけるため、日本以外のG7先進国はもちろん、韓国など民主主義国でも採用されている。

これに対して、言論の自由を認めない一党独裁国や宗教独裁国の放送は国営で、政府や党決定事項のほか、内容を許可され検閲を通った番組以外を流すことはできない。

日本の戦後は自由な民主主義国ということになってはいるが、ことテレビ報道に関しては、政府与党や権力を持つ組織の政治圧力や忖度にさらされ続けてきた歴史と言える。その意味で、政府圧力が及びにくい英国ＢＢＣや、米国ＣＮＮやＡＢＣなど三大ネットワークテレビは、世論調査でも大新聞と並ぶ報道機関として信頼度は高く、場合によっては新聞の信頼度を上回ることもある。日本のテレビ放送が、欧米のように国から独立した報道機関でなく政府広報とＣＭにまみれた「電波紙芝居の娯楽装置」とみなされているのは、電波、放送制度の現状から見ても明らかなのだ。

「日本の放送行政が最も政府から独立していたのはＧＨＱ時代だった」と書けば、ＧＨＱの日本への言論弾圧がいかに酷かったか知らないのか、占領統治の円滑化のために、ＧＨＱは「プレスコード」を作り１００項目以上に及ぶ禁止ワードを押し付けたではないか、といった反論が返ってくるだろう。実際、占領統治に都合の悪い報道は禁止で、新聞記者は「米兵の犯罪記事」を書けず、「犯人は大きな男」と書いたと先輩記者に聞いたことがある。

ＧＨＱは「占領軍の誹謗中傷」「復古的軍国主義の鼓舞」「近隣諸国の誹謗中傷」を禁止する一方、新聞、放送の自由を称揚するという矛盾をはらんだ占領期プレスコードの時代ではあったが、「放送の自由独立」を守るためにアメリカのＦＣＣに似た制度を作った。

電波権益を手放すことに吉田茂首相ら日本政府側は猛抵抗した。しかしＧＨＱのバック勧告を受け、独立行政法人の「電波監理委員会設置法案」ができあがった。「放送プログラムの編集の自由は如何なるものからも制限を受けない」などの勧告に対して、日本政府は憲法上の責任内閣制を根拠に、国務大臣委員長制度を譲ろうとしなかった。この事態を打開したのは、吉田茂首相にあてたマッカーサーの書簡である。マッカーサーは行政委員会の意義を詳しく説明し、「政府から独立する形での行政委員会方式」を強く勧告した。まさに、泣く子も黙るマッカーサーの鶴の一声だったのだが、「ここに至って、ようやく電波監理委員会法が修正され、国会に提出される運びとなった」という。[1]

しかしサンフランシスコ講和条約による日本独立とともに、日本政府は電波許認可権を奪い返し、郵政省（現在の総務省）管轄へ戻した。皮肉なことに、日本の放送の自由独立を期した民主主義の放送制度は、日本独立と同時に消えたのだ。以降、監督官庁は郵政省から総務省へと移行したが、テレビ放送はずっと政府監視下にあった。

幻の日本版FCC

日本の電波メディア独立への動きがようやく始まったのは、鳩山民主党政権時代だった。「通信放送行政独立へ――「日本版ＦＣＣ」創立で政府方針」という新聞記事がある（朝日新聞、２０１０年9月23日付朝刊）。記事には、「政府は22日、総務省から通信・行政の一部を切り離して、通信・放送委員会を設置するための関連法案を２０１０年中にまとめ、２０１１年の通常国会に提出する方針を固めた。同委は電波の割り当てや放送免許の付与、番組規制など通信放送業界への規制監督全般を担う方針で検討する」とある。原口一博総務相は海外の独立機関を参考にして日本版ＦＣＣの具体的な姿を描く考えを示し、「言論、報道、放送の自由を確保する手段になる」と強調した。

民主党はマニフェストにも日本版ＦＣＣ設立を掲げており、自民党政権より遥かに報道の自由に前向きだった。こうした動きを反映し、鳩山政権時代の報道の自由度ランキングは、最高クラスの北欧諸国並みの11位に上昇している（先述の通り、２０２４年は70位へ下落）。

自民党が政権に復帰したとき、「民主党政権は悪夢の時代だった」と安倍首相や自民党議員たちは罵《ののし》っていたが、約7年も続いた安倍政権とこれを継承した自民党政権は、歴史修正主義と復古主義に固まり、メディアの自由を抑圧し、裏金腐敗、旧統一教会汚染にどっぷりとつかって国民を欺いてきたことが、２０２４年10月の石破政権による解散総選挙へ至る経緯の中で判明している。

欧州諸国や韓国もＦＣＣモデルを採用――メディア寡占のクロスオーナーシップも禁止

ヨーロッパ諸国では、１９８０年代からアメリカのＦＣＣにならう放送制度が導入され、放送の独立機関が設置された。民主主義の国として、国家権力の暴走を監視する役割を持つ放送局を国家が監視するという矛盾を解消する必要があったからだ。民主党が意図した日本版ＦＣＣの設立は、民主主義制度としての欧米の放送電波政策にならおうとしたものだった。原口総務相は日本版ＦＣＣ設立法案を国会に提出し、電波制度の民主化、自由化と共に、巨大メディアのクロスオーナーシップ禁止などの法制化と実現を考えていた。

しかし、鳩山内閣は自民党や既得権益を死守しようとする巨大メディアからの執拗な攻撃を受けた。民主党は2015年5月、国会で「電波法改正案」「通信・放送委員会設置法案」を提出したが、否決された。鳩山政権は短命で終わり、原口総務相が率先した放送自由化の試みは道半ばで挫折した。法案は民主党政権下で継続審議となったが、結局、菅直人内閣の片山善博総務相はこれを廃案にした。

鳩山政権発足のころ、原口総務相のもとで「今後のICT分野における国民の権利保障等の在り方を考えるフォーラム」が結成され、情報通信技術の推進のもとで「言論の自由の砦」をいかにして守るかを討議する会合が行われていた。座長に濱田純一東大総長、座長代理に長谷部恭男東大教授のほか、郷原信郎（弁護士）、孫正義（ソフトバンク社長）、音《お》好《と》宏（上智大学教授）、上杉隆（ジャーナリスト）、広瀬道貞（日本民間放送連盟会長）、福地茂雄（NHK会長）ら約30人による組織で運営されていた。私はオブザーバーとしてこの会に参加したことがあるが、政府管轄とは思えないほど活発な議論が行われていた。

この会を主宰した原口氏は、総務大臣ブログでこう書いていた。「私は民主主義の基本は言論の自由にあり、どんな政治状況でも侵されてはならない放送・報道の自由があると信じています。世界の歴史を見ても、時の政治権力は、自らを正当化するために放送に介入する誘惑を断ち切れず、今までも多くの言論弾圧や抑圧が行われてきました。（中略）

誰が権力につこうが、決して侵されることのできない自由。言論の自由を守る砦が必要だと私は思います」。

当時の国会議論を読むと、自民党側からは、これが民主主義国の国会議員かと思うほど、法案に反対するチグハグな議論が出されていたことがわかる。法案の趣旨が理解できず、逆に言論の自由を損なうものではないかという質問が出されたりしている。まずは国会議員に法案の理念の重要性を知らしめる必要がありそうだが、日本の国会議論のレベルは欧米諸国の議会と比べると、１００年ほどは遅れていると思わざるを得ない。

当時は日の目を見なかった法案ではあるが、先進国の条件である放送制度の自由化、民主化への改革であり、日本がいつまでも報道の自由度ランキング70位前後の発展途上国レベルに止まっていていいわけはない。原口氏にはこの経緯に至る話を直接聞いたが、「まだ法案成立をあきらめてはいない」と語っていた。

法案に反対した既成メディア業界が既得権益を侵害されることに強く抵抗したのだ。戦後、割り当てられたまま固定化した電波利権を手放したくなかったのだろう。報道の自由と民主化、国民の公共財としての電波の公正利用のための改革が、既成メディアの抵抗でつぶされるという話は、文明の進歩に逆行する話だが、これが当時の既成メディア界経営幹部の本音なのである。日本民間放送連盟の広瀬会長（当時）は、「政治的干渉を一切受けない組織を作るのは難しいのではないか」と運営に難色を示していた。

同様の問題は記者クラブ改革にまつわる案件でもたえず蒸し返されてきたジレンマの連鎖にも似て、放たれた矢はいつも的に当たることなく途中で折れる。既成メディア側が既得権益を手放さない限り解決しない問題なのだが、その葛藤が繰り返されるたびに、メディアの自由は損なわれてゆくのである。

日本が「言論報道の自由と民主主義国」として生きてゆくつもりなら、欧米先進国はじめ、韓国でも実施している米国モデルのFCCを早急に導入したらどうか。そのためには放送行政を政府・総務省から切り離し独立させることがどうしても必要なのである。

鳩山氏、原口氏が語ったこと

私は、「電波法改正」「通信放送行政の改革」の諸問題に関して、鳩山元首相、原口元総務相の両氏にインタビューしたことがあるが、この間の経緯と事情を記しておく。法案反対は自民党だけでなく民主党内部にもあり、テレビ免許の独占を手放したくない既得権益擁護に走ったマスコミ業界の反対が強かったと、原口氏は話していた。どうやら、「現状の電波権益の固定化」を死守することが、業界の意志だったようだ。戦後日本の大新聞社や巨大テレビ局でつぶれたところはない。欧米諸国では、マードック、マクスウェルといったメディア王が出現し、メディア会社のM&Aが大流行したが、日本の巨大メディアはその荒波をかぶることはなかった。マードック氏と孫正義氏がテレビ朝日買収に動いたときも、法の規制を前に撤退した。日本のメディアは政府規制による「護送船団方式」で運営されてきたと言われるゆえんだ。海外メディア資本がテレビ局の買収ができない法規制に守られているのだ。要するに政府のご機嫌をうかがい、言論の自由を放棄しても、既得権益を擁護するというのが業界の真意だったというわけで、電波と放送の自由を誰も望んでいなかったという現実が垣間見える。

日本のマスコミ界は報道の自由や公正、正義、人間の尊厳を求めてはいないのか。そうなるとそもそもメディアの存立意義が問われることとなる。欧米の言論市場は、金だけではなく事実と真実を求める記者たちの魂のせめぎ合いの場でもある。本当の「メディアの戦場」なのだ。ドンパチの戦場を取材する記者だけでなく、権力と闘いながら真実を求める記者の日常の仕事場こそが「魂の戦場」なのだと、『メディアの戦場』（集英社、１９９２年）の著者ハリソン・ソールズベリー（ニューヨーク・タイムズ記者）は述べている。独裁者がいない欧米民主主義の国では、読者・視聴者・国民の支持を得たメディアが市場競争の勝者となる。

上述した日本版ＦＣＣ設立に関する政治的な動きは、日本ではほとんど知られていないことなので、ここで紹介して、後世の読者に判断をゆだねたい。先述したように、韓国にも韓国版ＦＣＣが設置され、放送電波の政治的独立が果たされた。韓国国民は日本国民より言論の自由を尊重しているように見える。韓国の民主化は日本より進み、報道の自由度ランキングも日本より上だ。しかし韓国にできたことが日本にできないはずはないと私は思っている。

安倍政権下で頻発した放送への政治圧力

２０１６年、高市早苗総務大臣が、放送局が政治的公平性を欠く放送を繰り返したと判断した場合、「放送法４条の公平原則」に違反したとして電波停止を命じる可能性がある、その判断は総務大臣が最終的な判断をすると衆議院予算委員会で答弁し、大きな問題となった。これに対して田原総一朗氏ら7人のテレビ人が抗議声明を出した。ここで言う「電波停止」は電波法第76条に定められている「停波」であるが、放送法にはそのような罰則規定はない。「放送法４条の公平原則」はあくまで番組制作側の「倫理規定」であり、政府がこれを盾に口をはさむ事柄ではないのだ。

映画監督の是枝裕和氏はブログで、２０１５年3月3日に衆院予算委員会で安倍首相が「不偏不党は放送局の義務」と発言したことを批判している。[2] また是枝氏は、ＮＨＫ「クローズアップ現代」の「出家詐欺特集の番組」に対して出された高市総務相の「厳重注意」や、２０１４年に自民党筆頭副幹事長萩生田光一氏らがＮＨＫや在京テレビ局各社に送った「選挙時期における公平中立ならびに公正の確保についてのお願い」文書、高市総務相の「停波の権限を有する」発言を擁護した２０１６年2月9日の菅義偉官房長官の「当たり前」発言など、一連の自民党の大臣や有力国会議員発言などを取り上げて批判した。さらに、日本政府が電波監理権を郵政省管轄に取り戻した時期には、「「放送免許の認可とか取消について利権問題が必ず起きて来ると思う」と。つまり、放送局、放送業界に対する大臣の権限の肥大化を心配した」と、当時白熱の議論が展開されていたことを指摘する。その心配が、約65年後には的中することになるという皮肉な事態が起こったのだ。

是枝氏はこうも書いている。「この後、郵政相になる田中角栄は、放送局の開局ラッシュを目前にひかえた状況で、許認可権を一手に握り、テレビ局支配を強めていきます。系列のテレビ局がどうしても欲しい新聞社もそのコントロール下に置きます」「本来であればこの電波監理委員会から郵政省（つまり国家権力）への監督権の移行を批判するべき各新聞社が放送局開局の許認可欲しさに批判を控えたのではないかと推測する研究者もいますが、どうでしょう。反論ありますかね？　新聞社のみなさんは」。そして高市総務相がＮＨＫ番組に対して行った「「厳重注意」という処分（罰則）は放送法の条文には存在しない」と指摘している。

相次ぐ有名キャスター降板劇と椿事件

安倍政権時代には、政権に批判的だった岸井成格、国谷裕子、古舘伊知郎キャスターらが一斉降板したことがあった。安倍政権に対するメディアの「忖度」が云々された時期だ。

1993年の衆議院選挙で自民党が野にくだり、戦後初と言われた与野党の政権交代が起こり、日本新党党首細川護熙《もりひろ》氏が連立政権の首相に就任、新政権を担うことになった。日本新党の当選者は35人に上った。このときの日本新党ブームに乗って当選した議員に海《かい》江田万里《えだばんり》、前原誠司、枝野幸男らの若手政治家がいた。日本新党のブームと政権交代の主導権を握ったメディアは、新聞よりテレビの影響力が圧倒的に強かった。参院比例区で当選した中には、TVキャスター出身の新人小池百合子氏がいた。日本新党ブームは長くは続かず2年半後には解党になり、小沢一郎氏の新進党に合流することになる。政治改革や選挙制度改革の世論の高まりの中ではあったが、共産党を除く野党の離合集散は、逆に自民党による一党支配の基盤を作った。

期せずして野に下った自民党は、テレビが日本新党ブームを煽り、政権交代劇をリードしたと主張、その主犯は「10ちゃん、6ちゃんのテレビだった」と、売れっ子芸能人のウッチャンナンチャン（内村光良、南原清隆）をもじって、攻撃の主たる矛先は「ニュースステーション」「サンデープロジェクト」などのテレビ朝日、「ニュース23」などのTBSの報道番組に向けられていた。久米宏、田原総一朗氏らの著名テレビキャスターが背後で活躍したという憶測が飛び交っていたからだ。

当時のテレビ朝日報道の責任者椿貞良《つばきさだよし》報道局長は、選挙後に行われた民間放送協会連盟の会合の席上、「非自民党政権が望ましいと考えて報道した」と発言したと言われるが、放送法の「公平であること」を逸脱したとされたこの発言が産経新聞のスクープとして報道され、テレビ界の一大事件へと発展した。これが椿事件である。

産経の記事はテレビ朝日が政権交代を画策して「偏向報道を煽った」とする告発だった。根拠は放送法４条の報道の公平を定めた条文に違反するというものだ。

産経新聞の朝刊一面（１９９３年10月13日付）の記事は以下のような発言の内容を伝えていた。

椿報道局長は、「非自民政権が誕生するように報道せよ」と指示し、「〝公正であること〟をタブーとして積極的に挑戦することを強調した」。記事の見出しには「非自民政権誕生を意図し報道」とある。椿の発言があったこの民放連の会合は、当時テレビのやらせ番組が相次いで発覚したのをきっかけに、民放連が外部委員会として立ち上げたもので、清水英夫（青山学院大名誉教授）を委員長とし、弁護士、学識経験者らに在京キー局の代表ら７人のメンバーによる委員会だった。当日の会合は「政治とテレビ」をテーマとし、椿報道局長は発言者として特別出席していた。

椿氏は「小沢一郎の〝けじめ〟は棚上げしても非自民政権が生まれるように報道するように指示した」、「今回の連立政権誕生は自局の久米宏の「ニュースステーション」や田原総一朗の「サンデープロジェクト」などの番組による「久米─田原連立政権」という記事があったが感慨深いことだった」とも語ったとされている。さらに「自民党幹部が視聴者に与えたテレビイメージは悪代官、細川首相はノーブルな印象を与えていた」と話したとも産経は書いている。

椿氏が「公正な報道にこだわることはないと語った」という産経報道を受けて、郵政省放送行政局長の江川晃正氏は緊急記者会見を行い、テレビ朝日報道が放送法に違反する事実があれば「電波法第76条」に基づく無線局運用停止もありうることを示唆した。また細川政権への交代劇とは無関係だった自民、共産両党は、スタンスの違いはあったが、国会で放送法の「公平原則」を破ったとして、テレビ朝日を放送法違反で追及した。

同年10月25日、衆議院は椿氏を証人喚問した。椿氏に対する国会喚問では、「今回の発言で、放送の公平、公正に対する信頼が損なわれるのではないか」という石井一政治改革特別委員長の質問に対して、椿氏は「『五五年体制を突き崩すためにテレビ朝日はやった』とか、『反自民党政権を作るために選挙報道を行った』とかいう言い方は、現実を見て、結果的にまるで自分の手柄であるかのごとく発言した、明らかなフライングの発言だった」と答え、「私の発言で、放送の信頼性が損なわれるような事態が起きたことを反省している。今回のことで、報道の自由に不当な介入が行われないことを心から期待する」と応えている。要するに椿氏は大筋で「放送法の公平」規定を侵害したことを認めたのだ。

ここには政権交代の果実の分配にあずかれなかった野党が、放送法の公平原則に違反した椿氏を強く問いつめる構図が見える。これに対して椿氏は「民放連会合での軽率な発言だった」と謝罪はしたが、「テレビ朝日は、公正な報道、政治的に中立な報道を行うことを前提として免許をいただいている。そういう意味で、テレビ朝日がその大原則をたがえて放送することはない。今回の衆院選の報道においても、その大原則を曲げて放送したことはない。曲げて放送するようにとか、そういうような指示を報道局長から出したことはまったくない。番組を制作するシステムからも、そういうことはない。今回の選挙報道に関し、もちろん公正、中立であることを大原則に、きちんと正確に敏速に報道を行おうということは、報道局員に対し言った。それ以外のことは何も言っていない」と釈明した。しかし自分の発言が「フライングであること」、結果的に放送法で禁止されている「公平」を損なう偏向報道を行ったことは認めた。これにより椿氏はテレビ朝日取締役と報道局長を解任された。

国会喚問とは別に、テレビ朝日は内部調査の結果を郵政省に報告したが、特定の政党を支援する報道を行うための具体的な指示は出されていない旨を改めて強調した。椿発言をめぐる与野党や世論の風当たりはかなり厳しいものがあったが、郵政省はテレビ朝日に対する免許取消しなどの措置は行わず、「職員の人事管理等を含む経営管理の面で問題があった」として厳重注意の行政指導を行うにとどめた。これによってテレビ朝日は政府と自民党に借りを作ることにもなり、その後の自民党との関係はギクシャクしたものとなる。

さらにこの事件は後の安倍政権に対する忖度にもつながったのではないかと考えられる。

1998年、郵政省はテレビ朝日への免許更新をする際に、「放送法の公平性に細心の注意」を払うよう改めて注文を付けた。椿事件によって、戦後初めてテレビ局の放送免許更新問題が表面化したとされている。政権政党と電波行政を管轄する政府とテレビ局側の間でくすぶっていた偏向問題が顕在化し、放送法第4条がクローズアップされた。結果、NHKと日本民間放送連盟は共同で、放送倫理・番組向上機構（BPO）を設立した。その意味で椿事件は、政治とテレビの関係をめぐるエポックメーキングな事件であった。

当時のメディアの雄は有力全国紙とみなされていた時代だが、全国紙から地方紙に至るまで新聞はおおむねは不偏不党（中立）の編集方針を掲げて偏向報道を否定していた。しかし産経新聞はすでに偏向報道を是とする「主張する新聞」へと編集方針を転換していた。偏向もよしとする産経新聞が、テレビ報道の偏向を告発した椿事件の報道に対して「新聞協会賞」が贈られたというのも皮肉な話だが、この時の産経新聞の受賞は、有力視されていた朝日新聞の「リクルート事件報道」を押しのけての受賞だったことも、歴史に残る出来事だった。

椿事件は、戦後のメディアの報道の自由と政治権力の関係、メディアの公正とは何かを改めて問いかける契機になった。既成メディアがこれまでの報道スタイルの踏襲に安住できない時代が到来したのである。この事件以降、「番組に対する自民党の政治圧力が強まった」と、テレビ朝日の「朝まで生テレビ！」担当プロデューサーだった故日下雄一氏が私に語ったことがあった。

国会質疑などで自民党有力議員が椿氏の「偏向報道」を追及、大新聞も椿氏の「偏向報道批判」へと雪崩をうった。朝日新聞から転出した伊藤邦男テレビ朝日社長は事件を深く謝罪した。かつて椿氏とは親しくしていたという読売新聞会長渡邉恒雄氏は、日本新聞協会発行の雑誌「新聞研究」誌上で椿氏が「これまで報道した時、公正であったこと、中立であったこと、クールであったことは一度もない」と書いていたと指摘し、「サウンドバイト・ジャーナリズムの確信犯」と批判、「日本のテレビ史に汚点を残した」と評している。[3]また椿氏のこの発言に対して、政治記者の田勢康弘氏も「報道の不公正さを指摘されて喜んだジャーナリストを私はついぞ見たことはない」と書いている。[4]

椿事件は政界とマスコミを揺るがす大騒動だったが、本当にテレビ朝日に「偏向報道があったかどうか」というと、具体的なデータは明らかにされてはいない。椿氏の発言は事実ではあったが、彼の意図どおりにテレビ朝日の報道が動いていたという証拠はどこにも見つからなかった。一橋大学の高田みほ氏の研究グループが、総選挙前の3週間にわたってテレビの選挙報道の録画を確認し、政党別の放送内容や放送量を分析したところ、データで確認しうるテレビ朝日の偏向は認められなかったという。[5]テレビ朝日の「ニュースステーション」の久米宏キャスターは「政権交代の可能性が少しでも出てくる選挙になればいい」と発言をしたことがあるが、これは椿氏の指示ではなく、自分の考えとして述べたという。「サンデープロジェクト」の田原総一朗氏も椿氏の指示説は否定しているが、1993年総選挙でテレビが大きな影響力を持ったことは認めている。[6]

新しいメディアの影響力

テレビ人の考えの中には、面白い絵を求める習性が存在している。新聞人のように不偏不党や中立主義の枠に縛られてはいない。動きを好むテレビ人の中には、旧態依然の政治を打破する斬新で面白いドラマと視聴率への渇望があっても不思議はない。視聴者の好奇心を駆り立てる「テレビの本能」がテレビ・ジャーナリズムの本質ではないだろうか。視聴者はテレビに「人畜無害な不偏不党」や日常的な退屈を望んでいるわけではない。テレビには非日常の空間を作るメディアの一面がある。

読者の新聞離れと部数凋落が指摘されて久しい。新聞の発掘・事実検証能力や多様性の欠如、権威主義的な記者クラブ依存体質、記者の不勉強と好奇心のなさなど改革すべき点は多かったが、見過ごされてきた。影響力の点で新聞がテレビに追い抜かれることは目に見えていたのだ。

政界には海江田万里、栗本慎一郎、小池百合子、高市早苗、蓮舫氏らテレビ界出身の新しい政治家が生まれていたし、政治の流れもテレビの影響力の中でとらえられていた。テレビ局は大学生のあこがれの職場となり、マスコミ志望の大学生の間には、「1にテレビ、2に広告、3に出版、4、5がなくて6に新聞」という言葉があった。新聞社は3K職場という陰口を叩かれるようになっていた。

テレビは政治家にとっても魔物だった。スキャンダルを連日テレビ報道されれば有力政治家でも失脚する。保守的な自民党から見れば、日本新党ブームを起こさせたのは「魔物」の力によるもので、その実体のない魔物の代表人物がテレビ朝日の椿報道局長だったということだろう。椿氏の国会喚問はテレビという魔物に怯えた政治家や権力保持者の「魔女狩り」のようなものだったかもしれない。

しかしながらいくら保守層や自民党がテレビを攻撃しようと、テレビは単なる電子の箱に過ぎない。ブラウン管の裏側には「オズの魔法使い」のようなペテン師が潜んでいるわけではない。新しいメディアが登場すると、保守的な層は反発する一方、絶大な影響力を持つのは古今東西どこの国や地域でも見られた現象だ。ラジオが出現した時、ファシストのヒトラーに利用され、テレビの出現がアメリカの反共主義とマッカーシズムを止めたと言われる。ジョセフ・マッカーシーの振る舞いがテレビカメラに耐えることができず、人々は彼の言説の真偽に疑問を抱いたのだ。

万人が万人と意見交換できるインターネットが出てきて、ＳＮＳがコミュニケーションの主流になった現代でも、既成メディア間の争いはなくならない。テレビと政治の争いの中には新しいメディアを巻き込んで、絶えず旧態依然の保守政治と新しい文化との間の摩擦が起こる。

自民党政権とメディアの対立

椿事件の後、自民党内で報道番組への規制強化の声が高まり、監督官庁の郵政省でも問題のある報道番組の規制や是正を議論するために、通信の多チャンネル時代における視聴者と放送に関する懇談会が開催された。しかし自民党とテレビ朝日の摩擦は椿事件後も継続した。2003年11月の第43回衆議院議員総選挙を控えた「ニュースステーション」において、「民主党の菅直人議員の政権構想を過度に好意的に報道した」として自民党の安倍晋三幹事長が抗議するとともに、自民党議員のテレビ朝日への出演を拒否することを決めた事件があった。いわゆる「民主党シャドウ内閣事件」である。

以来、安倍幹事長の下でテレビに対する自民党の介入が頻繁に行われるようになり、2004年7月の第20回参議院議員選挙の選挙報道に対しても自民党がテレビ朝日に文書で抗議するなど、テレビの政治的公平性をめぐる両者の対立は厳しさを増すようになった。

また2007年の第21回参議院議員通常選挙で、「当時の安倍政権に対して朝日新聞が同様の手法を用いた」との指摘（「アサヒる問題」）が行われ、テレビ朝日だけでなく親会社の朝日新聞と安倍政権との対立が深刻になった。やがて朝日vs安倍政権の対立は宿命的なものとなり、これが２０１６年の従軍慰安婦報道に対する朝日新聞バッシングへ向かうメディア全体の流れにつながった。この時の朝日新聞バッシングを主導したのは安倍政権だったと見られている。

さらに２００８年に発足した麻生政権への批判に対する大手マスコミの報道姿勢が問題化し「椿事件の再来」を指摘する声があった。椿事件は政治とテレビの緊張関係の原点のようにとらえられるようになった。その緊張と摩擦の根源に存在しているのも放送法の「公平」原則である。しかしながら、放送法の公平原則が果たして報道の自由やメディアの公共性とマッチしているのだろうか。放送法の言う「公平」を合理的に判断するのは誰の役割なのか——という問いかけが行われることはついぞなかった。にもかかわらず、日本社会にあっては国民生活全体に及ぼすテレビの影響力の肥大化は他に類例をみず、化け物のように大きな存在になっている。夕方のワイドショーで健康と美容に良い食品、野菜、果物などの紹介番組が流されると、スーパーの食品コーナーから品物がなくなるほどの社会現象が起こる。身寄りのない独居老人が、寂しい時間を埋めてくれたテレビに遺書を残して死んでいったという報道もあった。

テレビが新聞に対して影響力が勝ることは、１９６０年代のアメリカ大統領選挙におけるケネディとニクソンの選挙戦で、新人のケネディがベテランのニクソンを倒して以来、広く周知・確立されたメディア論である。新聞やラジオの討論を聞いた大衆はニクソンの勝利を確信していたが、選挙戦で初めて導入されたテレビ討論を視聴した人たちは、若くてハンサムで知的に見えたケネディに軍配を上げた。ニクソンは老練ではあったが、古臭い政治家に見えたのである。ニューヨーク・タイムズの記者は「これからは視覚の時代になった」と新聞に書いた。

1960年代の日本ではまだ新聞の影響力が強く、テレビはスポーツや娯楽に向いてはいるが、報道レベルのジャーナリズムではないとする考え方が支配的だった。沖縄返還時の首相・佐藤栄作が記者会見で新聞記者たちと対立したとき、「新聞記者は出ていけ、テレビは残れ」と言い放ち、テレビ局だけ残して会見を続けたエピソードがあるが、佐藤は新聞の影響力を見くびっていたわけではない。逆に当時、沖縄返還協定をめぐる外務省機密文書の漏洩事件が起きて、毎日新聞の西山太吉記者が逮捕される事件が起こっていたので、新聞報道に悩まされた佐藤による新聞への逆襲だった。佐藤は政府管轄化にあるテレビ映像のほうが視聴者はだまされやすいと判断し、自由に記事を書く新聞記者を警戒していたのだろう。

2024年、ノーベル平和賞が核兵器廃絶を訴え続けた日本被団協（日本原水爆被害者団体協議会）に授与されたとき、日本の平和賞受賞は佐藤栄作元首相以来二度目とマスコミは報道した。確かに、佐藤元首相は沖縄返還にあたり、「非核三原則」を国民に約束したことが評価されてノーベル平和賞を受賞している。だが2000年、アメリカの公開文書から佐藤元首相の「核密約」が発覚したとき、ノーベル賞委員会の創設者１００周年記念出版の著者の一人、歴史家オイピン・ステネルソン氏は「佐藤にノーベル賞を与えたことはノーベル賞委員会の最大の誤り」と語ったという。しかし日本のマスコミは核密約の問題は伝えず、日本で二度目のノーベル平和賞受賞とだけ伝え、佐藤元首相が隠した「核密約問題」に触れることはなかった。

朝日新聞バッシング事件とは何だったのか——巨大メディアのターニング・ポイント

ここで、先ほど触れた朝日新聞バッシング事件について詳しく見ておきたい。30余年も前の慰安婦問題の誤報とされる記事が問題化し、朝日新聞が世論の総攻撃を浴びて社長が国民の前で謝罪した「朝日新聞バッシング事件」は２０１４年に起こった。30年以上前の慰安婦報道の誤報、福島第一原発事故時の吉田調書問題、池上彰コラム問題などが同時に報じられた。

朝日は急遽、社外調査委員会を作って社を挙げた大規模な内部調査を行い、紙面でも特別な謝罪特集を組んだ。「誤報に寛容すぎた朝日はもっと危機意識を深めよ、公正な報道と多様な言論を尊重せよ」などと外部委員たちから指摘され、朝日新聞の幹部だけでなく「朝日社員はもっと危機意識を持て」と叱責された。朝日新聞出版発行の月刊誌「Journalism ジャーナリズム」（２０１5年3月号）は「朝日新聞問題を徹底検証する」というタイトルの特集を組み、多数の大学教授や歴史家、メディア研究者、ジャーナリストが寄稿して論争に参加した。私も寄稿し、「朝日叩きは日本的ガラパゴス現象だ——世界の論争現場に行けば厳しさがわかる」というタイトルの記事を書き、朝日バッシングの隠された背景と意図を分析した。

この時の朝日は孤立無援で、他のすべてのメディアが朝日攻撃を後押ししていた。世論は朝日バッシング一色だった。紙面で大規模な謝罪をしただけでなく、当時の木村伊量社長と幹部が記者会見して謝罪したことが、傷口を一層広げたと思う。

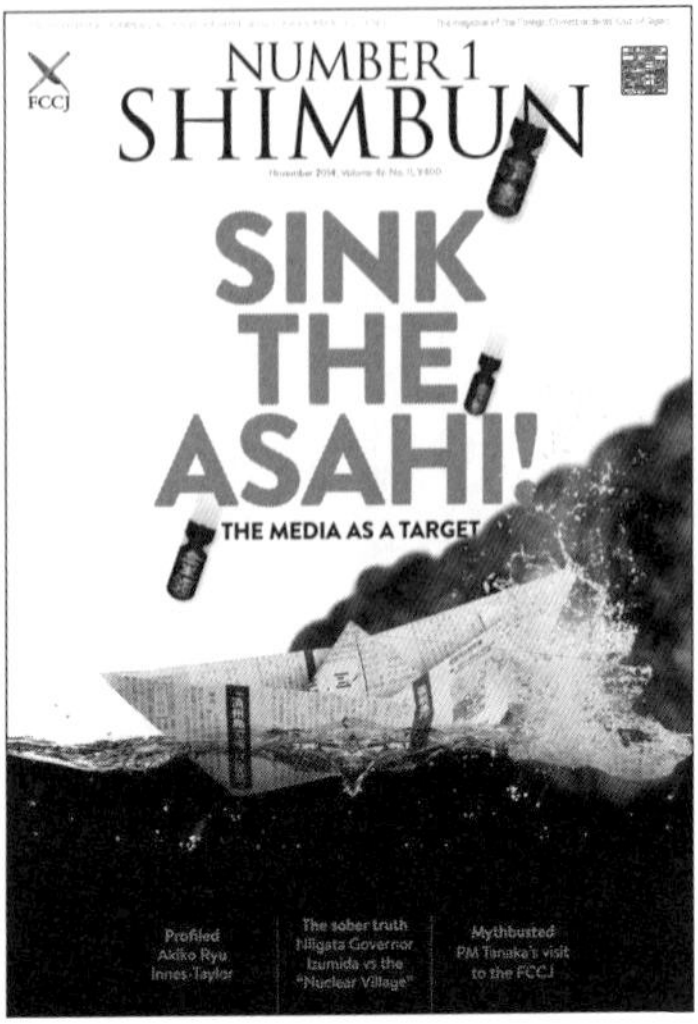

FCCJの機関誌「NUMBER 1 SHIMBUN」の「SINK THE ASAHI!」特集号表紙（2014年11月号）

私が注目したのは、海外ジャーナリストから見た朝日バッシング事件への視点だ。日本外国特派員協会の海外特派員たちは、朝日新聞バッシングは日本のメディア業界の歪んだ構造に原因があると指摘していたのだ。

同協会機関誌「NUMBER 1 SHIMBUN」には「SINK THE ASAHI!」（朝日を沈めろ）

という過激なタイトルが付けられ、水面に浮かぶ新聞紙の舟が空爆され炎上するイラストがある。投下される爆弾３個には、安倍晋三氏に似たイラストと、産経、読売という文字が見える。

このイラストが端的に示唆することは、「朝日バッシング」は安倍政権とライバル紙の産経、読売の合作ではないかという図式だった。少なくとも日本に駐在する海外特派員たちは「朝日バッシングは、朝日に敵対する保守政権とライバル紙がタッグを組んだ異様なメディア現象で、その背景には新聞業界の熾烈な部数争いがある」と分析していた。

朝日の誤報で日本の海外イメージが非常に損なわれたと、国会で右派政治家らが追及していたと記憶するが、朝日の誤報問題は欧米では知られていなかった。むしろ、このバッシング事件で初めてそういう誤報があったことを知ったということだった。欧米特派員たちは政権と結んだライバル社が朝日バッシングをリードしていたと考え、日本のメディア業界に巣食った異様な風景に驚きを隠さなかった。米国のウォーターゲート事件が示したように、欧米のメディアならライバル関係は棚上げして、報道の自由の危機には団結するものだ。

同じ事件が、海外の視点から見ると真逆で異様に見えたことが、朝日新聞バッシング事件を機にわかった。実際、この事件で安倍政権に批判的とされていた朝日新聞は世論の猛批判を浴び、発行部数を激減させたと言われる。特派員生活から急遽呼び戻され、編集局長就任を依頼された外岡秀俊氏は、「もう空中戦はやめよう」と社員に呼び掛け、間違いのない記事作りを内外に約束した。「空中戦をやめる」とは、業界用語では政権批判を控えるという意味だろう。

バッシング事件で朝日新聞は経営危機に追い込まれた。大量の社員のリストラを余儀なくされ、紙面の質も従来の質を保てず、リベラルで売った朝日はかつての先鋭さを失った。「空中戦をやめた」代わりに、野党的だった紙面の魅力も消えてしまったのだ。

内外で散々議論された朝日改革案も、具体的にどう実現されたのかはよくわからない。しかし昨今の朝日紙面から漂ってくるのは、「歌を忘れたカナリア」のような、政権との奇妙な親和性だ。

新聞に誤報はつきものだ。誤報とわかった段階で即座に訂正するのが新聞の鉄則で、これがグローバルスタンダードだ。朝日が30年も訂正しなかったのは落ち度だが、ニューヨーク・タイムズは100年前の紙面の間違いを発見した時でも、その都度しっかり訂正するという。

朝日が素直に新聞のセオリーに従っていたら問題はなかったはずだが、かりに朝日の落ち度を狙っていたライバル紙と政権がタッグを組んだキャンペーンだったとしたら、朝日はその罠にはまったことになる。しかしバッシングをしたライバル紙は、自分たちは誤報をしたことがないと信じているのだろうか？

この事件は朝日だけでなく、日本の新聞全体の権威と信頼感を貶めたと言える。新聞離れ、活字離れが言われる中、アメリカのニューヨーク・タイムズやウォール・ストリート・ジャーナルはデジタル化による世界展開に成功し、部数を倍増させ、一時陥っていた経営危機から脱し、新しい成長を遂げていると言われる。

朝日バッシングは新聞界が自らの首を絞め、新聞全体の信頼を揺るがし、新聞離れを加速させたのではないか。朝日だけでなく、ライバル紙も含む大新聞はいずれも部数を相当に落としているのが現実だ。

「テレポリティクス」と小泉ワイドショー内閣

テレビの影響力が政治中枢で本格的になったのは、２００１年の小泉純一郎政権が誕生したあたりと考えられる。小泉政権は「ワイドショー内閣」と言われたが、文字どおり、テレビのワイドショーが生み出した政権、ということである。小泉氏には自民党内の勢力基盤がなく、当初、党内では泡沫《ほうまつ》候補と見られていたが、テレビへの露出によって総裁選を勝利した。

小泉内閣の成立は、テレビを通じた大衆メディア現象の存在ぬきに語れない。しかしそのような影響力を振るったのが、具体的にどの局のどの番組を指すのかは明確でない。どのテレビもわんさか取り上げたのだ。新聞などの活字メディアと違い、生の映像が直接視聴者に届くテレビ報道全体が、小泉氏を前面に押し出すのに大きな影響力をもったのだが、そうしたテレビ的な現象の総称を指して「ワイドショー内閣」と命名されたのであろう。「テレビ映像は暴走するので注意が必要」とテレビ朝日プロデューサーの日下雄一は日ごろから語っていたが、テレビは視聴者の感情に作用し動かすメディアである。[7]

小泉政権誕生を支えた田中真紀子氏は「電波役者」と言われた。舛添要一氏は、「田中氏ほど大衆受けして視聴率を稼げる「電波役者」はいない。彼女はそのことをよく承知した上で大衆受けを狙った発言を繰り返し、露出の機会を増やしている。テレビを最大限に利用した大衆政治家なのだ」と書いている。[8] 舛添氏の言葉に象徴されたように、「ワイドショー内閣」という言葉には、大衆迎合、情緒的発言、攻撃性、ポピュリズムといったネガティブな意味が濃厚に含まれていたことがわかる。

テレビは電源さえあれば有効なメディアになる。PC電子機器のように電源を入れて立ち上げる手間が省ける。その手軽さから、アメリカで廃れつつあったテレビが主要メディアとして復活したのは、9・11同時多発テロ事件以降と言われる。「自民党をぶっ壊す」と言って、「郵政民営化」だけを挑戦的に掲げて登場した小泉純一郎は、一躍テレビの寵児《ちょうじ》となった。見た目や派手なパフォーマンスがテレビ時代にマッチしたのだ。

当時、「テレポリティクス（テレビ政治）」という造語が生まれ、政治学者までこの言葉を使っていた。テレビが政治を動かすという意味だ。田原総一朗氏が司会する「サンデープロジェクト」という政治討論番組は、硬派な政治ネタを討論する番組なのに、2ケタの視聴率をとる看板番組になった。日曜日の朝の番組が月曜日以降の政局にまで影響し、田原氏は「自民党影の幹事長」と言われたほどだった。

小泉首相の秘書官だった飯島勲氏は、小泉氏のメディアへの露出戦略をテレビやスポーツ紙、週刊誌などの大衆受けする路線に変更し、ぶら下がり会見のやり方もテレビ的な演出に改める戦略を採用していた。アメリカで「スピンドクター」と言われる巧妙なメディア戦略を積極的に取り入れたのである。

テレビに忖度を持ち込んだ安倍政権

小泉政権時代と同じようにテレビを使おうと考えたのが、小泉氏に後継指名された安倍元首相ではないだろうか。しかし小泉氏と違い、安倍政権はテレビが寄ってくる大衆受けする人気政権ではなかったし、飯島氏のように広報戦にたけたスピンドクターがいたわけでもない。小泉氏と安倍氏の性格や大衆受けの度合い、政治思想の違いによるものだろう、安倍氏は逆にあれこれと気にいらないテレビ番組に文句をつけ、「政治的に公平であること」の条文を盾にとり、偏向報道を行ったとして政治介入することで、テレビを支配下に収める手法をとっているように見えた。このためテレビ界に「政治的忖度」という概念を持ち込んだと言える。

しかも国民に人気のない特定秘密保護法、共謀罪、集団的自衛権の新安保法制などを、反対する野党を押し切って強行採決したので、国連人権理事会は、法案は「日本国民の自由と人権を損なう恐れがある」と警告するに至った。

小泉氏はテレビの寵児ではあったが、政権が直接、テレビ局に圧力をかけたという話はほとんど聞かない。しかし先述したように、安倍政権下では政権に批判的だった岸井成格、国谷裕子、古舘伊知郎氏といった有名キャスターが次々と番組を降板させられる事件があった。極めつけはＮＨＫ会長や経営委員の人事である。会長にはメディアとは何の関係もない経済界の籾井勝人氏が選ばれ、経営委員の中には百田尚樹、長谷川三千子といった右翼人士が名を連ねていた。安倍首相に近いと言われた人物が目立つ人選だった。そうか、ＮＨＫはこれからさらに右傾化するのか、と多くの視聴者・国民は思ったのではないか。

案の定、原発報道を熱心にやっていた夜９時のニュース担当の大越健介キャスターが急に降板した。

テレビ朝日の「報道ステーション」で古舘氏とコンビを組んでいた小川彩佳キャスターも降板している。小川キャスターは日本に珍しいクールなテレビキャスターで、自分の意見をズバリと言うキャスターだが、ネットメディアによれば、安倍政権に批判的だったため更迭されたというのだ。テレビ朝日の放送番組審議会委員長には、安倍首相と親しいと言われた幻冬舎の見城徹氏が就任しており、早河洋テレビ朝日会長も、安倍氏との会食を重ねていると言われた。

報道の自由を守るには権力側こそ忖度する必要がある

政権に批判的で都合の悪いテレビキャスターを降ろすのは、実は簡単なことなのだ。なぜなら、政権側は総務省管轄下の電波の免許更新時の許認可権を手にしている。「放送法４条」の「政治的公平」の条文を援用して、放送法違反による電波免許取り消しを匂わせれば、放送局幹部をひれ伏させることができる。公共放送ＮＨＫともなれば、放送法とは別に年度予算の国会承認が必要なので、多数派与党の顔色を常時気にせざるを得ない事情がある。実際に電波免許取り消しの先例はないものの、総務省から偏向報道の指摘を受けるのを避けたいのが、放送局幹部の本音だ。そこに政権に対する忖度の余地が働いて、放送内容の自粛や自己規制が起こる土壌がある。

逆説的に言えば、今のように政府に都合のよい放送法と電波システムの下で放送の自由を守るには、「放送の自由への権力側の配慮」こそが必要なのだ。権力側は免許を取り消すという「剣」を鎧の下に隠し持っている。だからこそ権力者は鎧の剣をひけらかすことなく、言論の自由を守る配慮が必要で、メディアに対する「逆の忖度」を働かさなければならない。

日本の報道システムには「報道の自由」を守るうえで、大きな法的欠陥がある。権力を握る政治家はそこを自覚することで、言論の自由を守るための十分な教養と配慮、理性が求められている。忖度が必要なのは言論機関の側ではなく、政権与党の側なのだ。権力者が近代国家の憲法に無知で、言論の自由の歴史的意味を理解できなければ、言論の自由を守ることはできない。欧米では言論の自由がどのような歴史的苦節をへて近代憲法に書きこまれたかを、日本の為政者はもっと学ばなければならない。

これは政治家が官僚の人事権を握るのと似た問題でもある。内閣府に人事権を奪われた財務省幹部が国会で安倍政権への忖度発言を繰り返したのと同じように、政権の側が憲法の言論の自由を守る気がなければ、堂々と圧力をかける土壌が日常化する。圧力をかけられたテレビ局で忖度番組がはびこることは避けがたい。

メディアのクロスオーナーシップを規制する必要

活字メディアの新聞は、事実を伝え、分析するジャーナリズム能力においてテレビより優れている。放送局のように監督官庁もない。その意味で、現在の日本の新聞は政府からの100%の自由を享受できる立場にある。

だが日本のマスメディア業界には、欧米民主主義国では禁止されているクロスオーナーシップというシステムがある。このシステムでは新聞社が民放各社のオーナーとなり系列化している。経営が安定する一方、ニュースの一元化と寡占が起こるという大きな弊害がある。しかし日本では、朝日新聞↓テレビ朝日、毎日新聞↓ＴＢＳ、読売新聞↓日本テレビ、産経新聞↓フジテレビ、日経新聞↓テレビ東京など、ニュースメディアが系列化している。この系列化は地方の民放テレビ各局にまで及んでいる。テレビ局の所有や経営権だけでなく、人事とニュースの系列化、一元化に及ぶところが、クロスオーナーシップの特徴だ。

欧米ではメディアのＭ＆Ａは盛んだが、経営者が編集権にはタッチできない仕組みになっている。英国最古の新聞タイムズがメディア王マードックの会社に買収されたとき、知人のタイムズ記者に聞いたところ、「オーナーが変わっても我々の仕事に変化はない。いつもどおりの仕事を続けるだけ」と話していた。マードックの保守的な考えが「タイムズに反映されることはない」と彼は答えた。

先述した鳩山政権下の電波、放送制度の改革案は、「日本の報道の自由と多様化」をもっと促進させる試みだった。報道の自由と民主化、多様化こそが、経済発展とともに先進国の二大条件なのである。経済力が強いことだけが先進国の条件ではない。中国の経済力はアメリカに拮抗するが、メディアの自由が制限されているので、先進国としてカウントされることはない。

古典的な理論ではあるが、「市場経済の自由」と「言論の自由」が車の両輪としてバランスよく発展した国が「豊かな国」であり、これが先進国の条件なのだ。アダム・スミスの言う「神の見えざる手」は、神を否定した近代市民社会の導き手としての「世論」であり、その世論形成に影響力のあるメディアが自由で多様な言論を闘わせ、人間の尊厳を守ることで、人間社会の世論は真実に近づき、政治権力の暴走による誤りを正すことができるということだ。

メディア幹部と「首相の会食」、「官房機密費」を記者に与えるのはやめたほうがいい

先述したように、新聞の片隅にある首相の動静欄には、首相が会合して食事を共にした人物の記録がある。その中には、メディア会社の会長や社長、幹部、論説委員などの関係者が首相と食事を共にする記事が散見される。しかしこうしたことは欧米のメディアでは考えられない。

日本では、もとは税金の官房機密費が一部のメディア関係者に配られているという話がある。野中広務《ひろむ》元自民党幹事長はこれを認めていたから事実だろう。具体的なジャーナリストの名前も一部、明らかになっている。ところがアメリカの記者の取材先との癒着への警戒感は半端ないものだ。スターバックスで3ドルのコーヒーをごちそうになるのもダメだとされる。記者生命にかかわるのだ。権力との関係に対する潔癖さの中で、フリーハンドで事実を書く自由が確保できると考えているからだ。そうすることで、大統領に対して

も痛いところを突くこともできるし、政権への忖度なし、遠慮なしの報道ができる。いくらクールな記者でも、昨夜の食事を楽しく共にした人物を、翌日の記事で批判することはなかなか難しかろう。首相がマスコミ関係者らと会食を重ねる風景は忖度を生む土壌に見える。

さらに日本のテレビは、欧米先進国のテレビ報道に比べ、娯楽的要素が強く、ジャーナリズム性の欠如が甚だしいと思う。娯楽性の高さが政権や金権腐敗を隠すベールになっているのかもしれない。

メディア間の相互協力でニュースの真相へたどり着く

日本はタテマエは民主主義の国だが、三権分立による権力監視機能が欧米より弱体なので、独裁国のシステムのようになってしまう恐れは消えない。本書で述べてきたとおり、メディアの権力監視能力も強くない。その不安を克服するには、新聞、テレビ、週刊誌の特性、長所を生かした相互協力で、ニュースの足らざる部分の深掘りができないものだろうか。

日本のメディアは新聞、テレビ、週刊誌などに分断されており、それぞれのメディアが独自ダネを求めて蠢《うごめ》いている。その分断の溝を埋めようとするＳＮＳやユーチューブのニュースメディアも登場し、バラバラなメッセージを発するアナーキーなメディア状況がある。ジャニーズ、自民党裏金問題、旧統一教会の政治汚染などでは、「週刊文春」「週刊新潮」などの有力週刊誌報道は、新聞やテレビを超えるニュースと事実を発掘した。

日本には新聞を読む知的購読層と大衆娯楽のテレビの隙間を埋める週刊誌の活躍する場が生まれる。欧米ではスキャンダルを書くのはジャーナリズムではなく、興味本位で読者に迎合するタブロイド誌とみなされる。しかし日本では週刊誌報道が国会質疑で取り上げられる事例も多々あり、記事の中身によっては、テレビや新聞が週刊誌報道の後追いをして、問題が全国に知れわたるケースが頻発している。週刊誌報道で有力政治家が失脚する場合もあり、永田町に忖度する既成メディアがやらない政治報道の隠された部分を週刊誌が補う場面が多い。

「スキャンダルや大衆娯楽に徹して売る」タブロイド紙がジャーナリズムの一翼を担う欧米民主主義国の事例は、寡聞にして聞かない。しかし日本では、政治腐敗や災害報道、隠蔽された事件報道など、週刊誌が果たす役割は顕著になっている。スタンド売りのタブロイド紙日刊ゲンダイも同様だ。

欧米では、ニューヨーク・タイムズやワシントン・ポストなど大新聞スクープ→全国地方紙→ニューズウィーク、タイムなどの雑誌報道への流れがあり、政治圧力による報道の自由の危機や、権力の犯罪、政治腐敗報道などに対しては、メディアが団結して闘う姿勢を共有するジャーナリズム文化が存在する。

２０１８年、トランプ大統領と激しく対立したＣＮＮのホワイトハウス担当のジム・アコスタ記者が「ホワイトハウス入館証」を剝奪されたとき、ＣＮＮは「憲法上の権利を侵害した」と大統領を提訴、入館証の返還を訴えた。この事件を受けたホワイトハウス記者は、トランプ政権に対しアコスタ記者への決定を取り下げるよう要求した。トランプ氏と親密だったフォックス・テレビの記者もアコスタ記者への入館証返還を支持した。この事件は、権力側が「言論の自由」に介入した場合、即座にこれと闘うアメリカメディアの姿勢を示した。

日本の新聞、テレビ、週刊誌はバラバラな別物のメディアである。「クロスオーナーシップ」の経営上の利害関係があるだけで、編集理念はバラバラで共通性はない。そのくせ、「大谷選手の公私にわたる報道」は視聴率が取れるから、どこのテレビでも横並びで報道する。大谷選手の私生活を危険に晒したプライバシー、人権侵害でも、「赤信号、皆で渡れば怖くない」とばかりに平然と行う。「人権、人道、人間の尊厳、ヒューマニズム、言論の自由、プライバシー」などの理念、理想を述べることに関しては、恐ろしいほどに既得権益・利害優先が顕著で、理解が不足している。それが我々の国のメディアの現実の姿だ。「せめてアメリカなみに」とは言わないが、新聞、テレビ、週刊誌報道の人権、プライバシー、ジェンダーの主要報道の普遍的テーマは相互に共有し、各メディアが「独自ダネ」にこだわらず、援護射撃して政治や経済の圧力と闘うメディアの仕組みを作る必要がある。

例えば、消費税の軽減税率は新聞社だけに適用されており、出版社への適用はない。週刊誌は出版社が刊行しているので、軽減税率は適用されず、同じ活字媒体なのに出版社は不利益を被っている。こうした合理性を欠いたメディア界の税制ひとつ見ても、新聞と週刊誌は「分断」されている。日本新聞協会傘下の記者クラブにも週刊誌は入っていない。メディア制度のありかたを変えるには、「言論の自由の旗」のもとに、全メディアが結集する必要がある。

そのためにはむしろ、メディア間の相互批判が必要になる。週刊誌には新聞やテレビを辛辣に批判するコラムはあるが、記者クラブから外れた主流メディアではない「恨み節」めいたコラムになっていることもある。しかし大新聞が週刊誌、雑誌報道や、テレビ報道を論評する記事はあまり見ない。ただ批判するだけでなく、それぞれのメディアの特性を把握したうえでの記事や番組に対する建設的批判やポジティブな提言は必要だと思う。例えば200人以上の死者が出た2018年の西日本豪雨に関して、「テレビ局の報道が手薄だった」という記事が新聞に掲載されたことがある。（朝日新聞2018年8月1日、本紙および朝日デジタル版）。記事の趣旨は、「週末のことでもあり、民放では東京のキー局が通常の休日体制の番組編成をしており、地方の豪雨報道をあまり報道せず、サッカーW杯のウルグアイvsフランス戦やバラエティーなどをやっていた」（新聞記事には豪雨報道を継続的に報道したのはＮＨＫだけだったというコメントも付いていた）。西日本豪雨に中央の報道の目が届かなかったことを反省する声が、在京民放テレビ局のスタッフの間から上がったことを、朝日は記事にしたのだ。「テレビ報道が手ぬるかった」という新聞記事を読んだのはこれが初めてで、珍しい経験だった。

自然災害に対処できない国は、「戦争」の有事にはさらに「無力化」するのではないか。

「戦争」は自然災害を上回る犠牲者を出す

日本で最も大きな死者を出した戦争災害と言えば、昭和のいわゆる「大東亜戦争」だろう。広島、長崎への原爆投下を受け、無条件降伏した日本だが、この戦争の日本国民の死者は約３００万人余に及んだ。死者数の多さから見れば、自然災害や天変地異とかけ離れた膨大な死者を出すのは一目瞭然、「戦争」だ。ロシアのウクライナ侵略戦争を見ればわかる。南方の島国で戦死した日本兵の遺骨１１０万柱以上が帰還を果たせず、いまだ熱帯のジャングルに眠っている。こんな無残な話はない。

しかし、戦争は「天災」ではなく「人災」である。

日本が先制攻撃をかけてハワイの真珠湾を襲った太平洋戦争開戦のとき、開戦を指令した東条英機内閣は、中国大陸侵略と太平洋支配を統合する目的で「大東亜戦争」と命名した。日本はヒトラーのナチスドイツとムッソリーニのイタリアと独裁国枢軸を結び、ルーズベルト大統領下のアメリカを第二次世界大戦へ引っぱり出した。

戦後、かつての枢軸国日独伊は核兵器を持たず、平和と理想主義を唱える勢力になったが、米英仏vs露中の覇権争いが、ウクライナ、ガザから台湾海峡、朝鮮半島に及んでおり、ロシアの指導者プーチンは核兵器使用をチラつかせて世界を脅かしている。「核の傘のバランス」で成立してきた核使用のタブーが崩壊しつつあり、パレスチナとイスラエルの戦争のあおりで、イランの核施設をイスラエルが攻撃するという危ういニュースが世界に拡散している。

そんな中、先述したように、核の脅威に直面しているロシアの近隣国ノルウェーのノーベル平和賞委員会は、2024年10月、ノーベル平和賞を日本被団協に贈った。「核兵器のない世界実現のために努力し、核兵器が二度と使われない世界を実現させるために、被爆者たちの証言を世界に示してきた」と受賞理由を述べている。

「核抑止の論理」は核大国による核兵器所有バランスの均衡で成り立ってきた。いわば「恐怖の均衡」で、使った側も即座に報復されるから、核兵器は相互に使うことができない兵器となり、核使用のタブーが成立していた。だが、ウクライナ戦争を始めたプーチンが「核使用」を口にしたことで、世界の核所有大国は青ざめたのである。

日本の被団協のノーベル平和賞受賞について、核抑止理論を信じていた元米国CIA工作員のグレン・カール氏は、「現実主義だけでなく、世界には理想主義も必要だ。理想主義のない世界は、血も涙もないパワーだけが大手を振ってまかり通ることになる」と「ニューズウィーク」誌に書いている。[9] カール氏は「恐怖の均衡」による核戦争抑止を支持してきたリアリストだが、理想主義を貫いてきた被団協を意外にも「評価している」と言うのだ。近年、核のタブーを破ろうとする勢力が大手を振って台頭する中、被団協の活動は「恐怖の均衡」ではなく、「核兵器の本当の恐怖体験」を世界に知らしめているという評価なのだろう。

唯一の被爆体験を持つ平和憲法の国日本は、核なき世界を目指す理想主義に徹することで、世界平和を目指すリーダーシップを発揮することができるのではないか。今回の被団協のノーベル平和賞受賞を機に、有効性を失いつつある「核抑止と核の傘論」のマンネリ化したリアリズムを捨て、核兵器禁止条約を世界化するリーダーの役割を担うべきだ。

「理想主義」を捨ててはいけない

ＧＨＱ占領下で実施された日本の放送電波制度は、皮肉なことに、最も民主主義的だった点を先述したが、長い戦争が終わり、やっと平和が戻ってきた喜びは、実はＧＨＱ側にもあった。

ＧＨＱは日本の言論機関が言論の自由を失い、政府大本営に牛耳られていたため、無謀な戦争に走ったと考えて、日本の新聞と放送の自由実現にこだわりを持っていた。特にＧ

HQ民政局にはニューディーラーの理想に燃えた軍人たちが多かった。民政局次長として日本国憲法草案を起草した総責任者チャールズ・L・ケーディス氏が来日したときに私はインタビューしたことがあるが、日本の平和憲法については「こんなに長く続くことができたのは日本人全体に支持されたからだろう。しかしいつまでもつか」と懸念を語った。軍人ながらリベラルな理想主義者の側面を失っておらず、「ブリアン‐ケロッグ不戦条約」にシンパシーを持っていると聞いた。

「あのときの日本側の最大の関心事は天皇の地位を守ることだった。9条はマッカーサー三原則の一つとして出して来たが、日本側は反対しなかった」とケーディス氏は語った。ケーディス氏と共に来日し、日本国憲法草案に女性参政権条項を書いたというベアテ・シロタ・ゴードン氏にも当時の話を聞いた。

彼女はユダヤ系で、両親は戦前の日本で仕事をしており、幼少期に日本に住んだ経験があったので日本語は堪能だった。彼女はGHQマッカーサーのチーム「憲法制定会議」の人権に関する小委員会メンバーで、日本国憲法草案に女性参政権条項がないことに気づき、マッカーサーに進言した。マッカーサーは気が付かなかったと言い、「それなら君が書け」と言った。「女性の権利についてはアメリカ憲法でも不十分と私は思っていたので、世界で最も進んでいたスウェーデンへ出張して調べ、新憲法の女性参政権条項を書いた」。「しかしこの条項には日本側委員が猛反対、「女に参政権を与えたら日本は滅びる」と怒鳴られた。そこで、マッカーサーが「もう滅びている」と助け船を出してくれ、草案は採択されたのです」と語った。[10]

もし彼女がGHQの憲法制定会議のメンバーに居なかったら、日本の女性参政権条項が憲法に書かれることはなかっただろう。ベアテ・シロタ・ゴードン氏は、日本女性の人権向上と参政権確立の恩人なのである。

日本の現憲法をGHQの押し付けと蔑み、明治憲法を理想化して憲法改正を急ぐ自民党などの復古的改憲論が勢いを増すなか、電波放送制度や女性の地位、人権に関しては、GHQ時代のほうが進んでいた側面があったことを指摘しておきたい。占領下でプレスコードを出し、占領政策を遂行するためにメディアの検閲をしながら、その一方、GHQ民生局の姿勢には「理想主義的な側面」があったのだ。戦後の新憲法条文や、言論の自由を守るために監督官庁を置かない新聞社の制度、アメリカ並みの放送の自由権を持った放送電波制度の設置がそれを物語る。

しかしサンフランシスコ平和条約の締結で日本が独立した時、日本政府は電波許認可権を郵政省管轄へ取り戻した。以降、日本の放送電波は政府の支配下に置かれ、番組内容の自由が毀損されてきた。放送法のもと、放送番組は政府与党権力へ「忖度」せざるを得ない状況下に置かれてきた。

先述したように日本の放送電波制度の改革と自由化、先進国化への動きが始まったのは、

２００９年、民主党への政権交代が起こったときだった。しかし自民党とテレビ放送業界の既得権益層の反対が立ちふさがり、鳩山政権はマスコミの集中攻撃を受けるなどして短命に終わり、放送電波改革は頓挫した。

民主党政権崩壊後の安倍政権は「民主党政権は悪夢の時代」と繰り返し表明していたが、その悪夢の中には「放送電波の利権」が奪われることの危機感も含まれていたのだろうか。

しかし日本がＧ７先進国の位置にとどまりたいなら、テレビ報道が政府圧力に忖度しなくてもいい自由独立を果たす日本版ＦＣＣ設立、国連人権理事会の言うとおり、放送法の公平原則の削除、電波許認可権を政府管轄からはずす独立行政法人設置は必須条件だ。今の無軌道でアナーキーなテレビ報道の在り方や新聞報道を少しでも理想の形に立て直す必要がある。このことを強調しておきたい。

補論　国や権力組織からの独立こそＮＨＫの課題だ

「公共放送」のハードルと最高裁判決

２０１７年12月６日に出されたＮＨＫ受信料に関する最高裁判決は、「受信料制度が国家機関などから独立した表現の自由を支えている」から「憲法に違反しない」と述べている。その上で、受信料支払いは「国民の義務」で、テレビ受像機を設置した段階から支払い義務が発生するというのだが、「ＮＨＫは見ないが他のチャンネルの放送は見る人でも受信料の支払い義務がある」という点に問題点を指摘する世論が多い。

現在（２０１８年）、受信料不払いは１０００万件近くに達するというが、多チャンネル時代の商業放送がやっているように、電波にスクランブルをかけてＮＨＫ契約者だけが見られるようにすれば話は簡単だ。

議論すべきは「公共放送とは何か」

しかし今度の最高裁判決は「放送の自由と国家などの権力機関からの独立」を掲げたうえで、ＮＨＫが公共放送であることをクローズアップし、これとセットにした受信料制度について述べている。この点がこの判決の重要な肝である。

そこで「公共放送とは何か」が今議論すべき最大の課題になる。

ＮＨＫが公共放送としての義務――国民の知る権利に十分に応え、政府や他の権力組織からも自由な報道を行うことで国民の負託に応えている――のであれば、この最高裁判決の趣旨は正しいだろう。

判決の総論の部分はそのとおりだが、各論の方はどうか。ＮＨＫは最高裁が述べたように、本当に言論の自由を国民のために行使し、民主主義と国民の知る権利にきちんと応えているか。改めてこの問題を問い、検証する必要が出てくる。

実際、最高裁がいう「国民のための公共放送」の質の条件を満たすハードルは非常に高いのだ。

しかしながら、公共放送とは何か、公共放送とはどういう仕組みになっているか、公共放送と国営放送の違いは何か――という基本的な議論が日本ではあまりなされてこなかった。このためＮＨＫは国営放送と思いこんでいる国民はかなり多いし、ＮＨＫも公共放送に関する説明や情報提供を怠ってきたのではないか。にもかかわらず、ＮＨＫ出身の池上彰氏はあるテレビ番組で「ＮＨＫ職員は国営放送と言われるのが一番腹が立つ」と話していたそうだ。

世界の公共放送の内実

公共放送と名がつく放送局は、言論の自由が保障された英国のＢＢＣや北欧諸国にも存在している。公共放送とは文字どおり「言論の自由を１００％行使して国民の知る権利に奉仕する言論機関」のことだ。

先述したように、ＮＨＫは「国営放送」と思っている日本人は少なくないが、これは大きな間違いである。国営放送は旧社会主義国や発展途上の軍事独裁国の放送局に多く、戦前の日本の放送が大本営発表の国策宣伝に使われたのと同じ形態だ。国営放送は国軍に対する指令や軍事暗号がわりに使われることもある。しかし国営放送なら国費（税金）で運営されるので、国民が受信料を払う必要はない。

一方、国民から受信料を徴収する公共放送の役割は国家や権力組織の意向を伝えるツールではなく、あくまで多様な国民世論に基礎をおき、政治家や政府の思惑に左右されない国民目線に根差し、自由な民主主義社会の実現のためのツールなのだ。したがって番組内容には国民各位の積極的な参加と情報発信が求められている。

戦前、戦時の大本営発表への反省から、ＮＨＫは戦後日本の民主主義育成のための公共放送と定義され、日本の経済大国化と歩調をあわせるように、英国ＢＢＣと並ぶ世界の二大公共放送とみなされる巨大メディアになった。

ＮＨＫやＢＢＣのように巨大メディアではないが、報道の自由ランクで上位を独占する北欧諸国のフィンランド、スウェーデン、ノルウェー、デンマークなどの公共放送も受信料収入と公的補助などで運営されている。国民の支持が高く受信料徴収率もおおむね90％を超えているという。

フランス、イタリア、ドイツにも公共放送があるが、受信料とＣＭの二本立てで運営されている。またアメリカ、カナダ、オーストラリアでは政府や自治体の拠出金や団体の寄付金、広告収入だけで運営され、受信料は取らない公共放送もあるが、いずれも組織のサイズは小さく、ＢＢＣやＮＨＫのような巨大メディアではない。

民主主義と情報の透明化が進む北欧諸国では非営利の公共放送が必要とされているが、多くの先進国の公共放送では受信料経営一本では行き詰まり、ＣＭなどの他の財源導入を工夫しているのが現状だ。それでも娯楽優先の商業放送（民放）では得られない質の高いニュースや情報の維持、国民の知る権利に応える責任感が、公共放送を運営する担い手の意識を支えている。

ＢＢＣの受信料支払いは義務化されている。義務化のレベルは日本より厳しいとされ、テレビ受像機を購入するには許可証が必要だ。郵便局で１年間有効の受信許可証を購入する仕組みになっている。受信許可証がないとテレビ受像機の購入もできない。

ネット社会とメディアの多様化の中で、ＢＢＣだけの受信許可制度に反対する人もいるが、他では得られないＢＢＣ番組の質の高さを支持する英国民が多いのは事実だ。

例をあげる。第二次世界大戦時、ＢＢＣラジオの戦争報道は事実を淡々と報道していた。敵のナチスドイツの放送は日本と同様、大本営発表で嘘の戦果を報道しドイツ国民は事実に基づく戦争の実態を知らされなかったが、ＢＢＣラジオを密かに聴いていたドイツ国民が多く、戦争の客観的事実をある程度把握していたと言われる。

ＢＢＣラジオは自国に不利な戦況でも事実として客観的に報道していた。戦時のチャーチル政権はＢＢＣに不快感を示し対立を深めていたが、ＢＢＣ側はチャーチルの思惑には乗らなかったと言われる。

ブレア政権の圧力にも屈しなかったＢＢＣ

また２００３年のイラク戦争では、英国のブレア政権は米国のブッシュ政権と米英２国同盟のもとで国連決議もなくイラク戦争を開戦した。そのときの開戦理由は「イラクは45分以内に大量破壊兵器を配備することが可能」というものだった。この情報の元は米国のある大学院生の古い論文を盗用したうえ、「45分以内に配備可能」という数字の部分を

「色付け」していたことが判明、これをＢＢＣラジオのギリガン記者が朝の人気番組の中でスクープして大騒ぎになった。

イラク戦争開戦理由の「フセインは短時間で配備できる大量破壊兵器を持っている」という情報はフェイクニュースだったことがわかったのだ。実際、米英連合軍は進攻したイラク領内から大量破壊兵器を発見することはできなかった。

このスクープをめぐりブレア政権側は逆に、「ＢＢＣがフェイクニュースを流した」とアピールしてＢＢＣを激しく非難、訂正と情報源開示を求めて強い政治的圧力を加えてきた。当時のダイクＢＢＣ会長が辞任に追い込まれるなど一時は劣勢に立たされながらも、ＢＢＣは屈服することなく職員一丸となってブレア政権の情報操作と圧力に立ち向かった。

やがて情報源と見られていた政府顧問の自殺で、情報をリークした人物が判明するなどの事件が起こり、ブレア政権とＢＢＣの闘いを見守っていた国民世論や議会はＢＢＣの主張が正しかったことを認知し、ブレア首相は辞任に追い込まれた。

英国のこの事件は米国にも波及し、ブッシュ政権によるイラク戦争は間違っていたという米国の世論形成に大きく影響した。

イラク戦争を取材したＢＢＣ特派員のレポートには、「イギリスはこのアメリカの戦争に付き合っていていいのだろうか。イラク戦争でアメリカとヨーロッパとの溝はかつてないほど深まった」とする懐疑的な報告がある。

ＢＢＣジャーナリズムの生命線は事実報道に徹する姿勢

ＢＢＣはフォークランド紛争報道で保守党のサッチャー政権とは折り合いが悪く、どちらかというと労働党政権に肩入れすることが多かった。しかしイラク戦争開戦の事実隠蔽の不正をめぐっては、労働党政権にも牙をむいた。

要するに政権が隠蔽する腐敗や悪はどの政党であれ遠慮なく報道するのがＢＢＣのやり方で、その原点は事実に忠実であることだ。

以上のように、ＢＢＣは歴史的節目の要所で国民の知る権利に応える事実報道を行ってきたので国民の支持は続き、今でも公共放送の権威は保たれている。ＢＢＣジャーナリズムの生命線は、何があろうと事実報道に徹するという姿勢だ。この揺るぎない姿勢を創立以来の長年の歴史の中で営々と築いてきた。

ＢＢＣと比べ、日本の公共放送ＮＨＫはどうか。あえて戦時の大本営発表時代にはこだわらないでおこう。放送だけでなく戦前、戦時の新聞は同じく大日本帝国大本営発表の嘘のニュースを垂れ流していたからだ。しかし戦後の日本の新聞や放送はそうした過去の過ちを反省し、政府の嘘や間違いを監視し国民の知る権利に応える民主主義国のメディアとして生まれ変わったはずだった。しかし本当に生まれ変わったと言えるだろうか。

NHKは「公共放送」の義務を果たしているか

NHKをめぐる最近のトピックスを思い出してみよう。

近年になって自民党政権によるNHKの放送への干渉が強まったことはよく知られている。NHKは予算の国会承認がスムーズに得られるために、与党の有力者に弱いと以前から言われていたが、籾井勝人前会長の「政府が右というものを左とはいえない」という就任記者会見の発言は驚きだった。政権の意向には逆らえない、というホンネを堂々といってのけたのだ。籾井会長は「原発報道は公式発表をベースにせよ」と発言したことがあり、こうなるとNHKは大本営発表以外の報道はするな、という意味に等しくなる。

また人気番組だった「クローズアップ現代」の国谷裕子キャスターは、本人や現場スタッフの意思に反して降板になったといわれるが、これは安保法制や集団的自衛権をめぐる番組のなかで国谷キャスターが菅義偉官房長官を問いただしたことが原因、とする更迭説が根強くあった。

政権の思惑を反映する新たな右傾幹部の登用とモノ言うキャスターの更迭劇を繰り返してきた近年のNHK人事の動きを見ていると、中立的な公共放送とは名ばかりで、急速に右旋回して安倍政権と歩調を合わせているようにしか見えない。要するにBBCモデルの公共放送の条件からはどんどん逸脱し、遠ざかっているのだ。

そこに最高裁判決のタテマエとの大きなズレを感じる。同じ「公共放送」を名乗りながら、ＮＨＫはＢＢＣの事実報道ジャーナリズムとは反対方向に走っているのではないか。最高裁判決は放送法64条の規定に基づいてＮＨＫの受信料徴収は「憲法に違反しない」と述べている。しかし本来は放送法の起源と理念そのものが、「政府からの自由」をうたうものだった。また放送メディアの多様化に向けて、放送法には放送の機会を普及させ、多くの国民が放送から言論の自由を享受できるように「集中排除原則」が定められている。最高裁判決は放送法64条に基づく受信料徴収は合憲としたが、第3章で紹介した「放送法4条廃止」の国連勧告や、総務省が規定した「集中排除原則」をどのように評価するのだろうか。放送法の理念や規定全体とも整合性のある判断がなされるべきではないだろうか。

また判決理由で「受信料制度が国家機関などから独立した表現の自由を支えている」として受信料制度を合憲としたのだから、日本の表現の自由の危機に対して、国内だけでなく国連機関からも赤信号が灯されていることに、「憲法に書かれている言論の自由」を擁護する最高裁はどのような見解を持っているのか、国民として知りたいところだ。

ＮＨＫは骨太な番組作りを目指せ

ＮＨＫは世界有数レベルの巨大メディアだ。資金力や人的資源も民放の何倍もあるサイズの巨大放送局で、ＮＨＫが大きくなれば民放を圧迫するのは必至だ。最高裁判決を機に受信料はますますたくさん入り、ＮＨＫだけが栄えて豊かになるにつれ、ＣＭだけでしのいでいる民放は細る一方となるだろう。

そうなれば放送の多様化による国民の言論の自由の享受の機会はしぼんでしまう。ＮＨＫ栄えて放送法の原点の理念が消えてしまうのでは、元も子もない。

公共放送の役割は「政府が右ということを右という」ことではない。それならば受信料徴収制度は廃止して国家予算で賄う国営放送に切り替えればよい。

公共放送はあくまで草の根の国民世論に根差す報道を行う義務と責任がある。少なくともＢＢＣはその方向を目指して努力していることがわかる。しかしＮＨＫには現政権の意向を忖度する放送姿勢が随所にうかがえる。この点は広く指摘されていることだ。籾井会長の言葉に示されたように、ＮＨＫはいまだに国策の宣伝装置ではないかという批判の声は絶えない。

最高裁判決の根拠として示された「受信料制度が国家機関から独立した表現の自由を支えている」という趣旨からかけ離れた存在になってはならない。

「ＮＨＫ番組を見ない人でも受信料契約は必要」ということになれば、ＢＢＣやＣＮＮなどの海外放送や衛星放送等を見るためにテレビ受像機を設置している人まで、ＮＨＫ受信料を強制負担させられるような不公平な制度になってしまう。

ＮＨＫは最高裁判決を追い風にして強引な受信料徴収に走るのではなく、これを機に失われかけている公共放送の理念と存在意義を再検討すべきだ。見なくても受信料は払えという傲慢な態度ではなく、ＢＢＣのように国民が納得して料金を払えるような良質な番組作りを目指すほうが、経営安定への早道ではないだろうか。政府が右というならばＮＨＫはあえて左、ということがあってもいい。そんな骨太な番組を見せれば、賢明な日本国民はおのずとついてくると思う。

※補論は、朝日新聞社のサイト「論座」２０１８年1月16日付掲載の記事に一部修正を加え、参考資料として本書に転載したものです。

あとがき――フジテレビの闇

今年のメディア界はフジテレビの闇と腐敗で幕を明けた。人気タレント中居正広氏とフジテレビ女性アナウンサーのトラブルと、当初は報じられた。しかし実は深刻な性加害事件で、女性アナは接待要員として「上納」されたのでは？　との疑惑がＳＮＳ上で渦巻き、フジテレビには女性アナ上納文化が日常的に存在するのかと世論の疑念と怒りを買った。

加害者とみなされた中居氏は被害者Ｘ子さんに９０００万円の示談金を払い、事件については何も語らず、芸能界を引退した。しかし示談金の真実や加害と被害の事実関係はまったくわからず、真相は闇の中だ。

フジテレビは記者会見をしたが、会場には記者クラブ記者しか入れず、フリーランスなどは排除された。さらにカメラも入れなかった。これに対して米国のものいう株主ダルトン・インベストメンツが厳しいクレームをつけ、第三者委員会の調査を要求。フジテレビのコンプライアンス不在に危機感を持ったスポンサー企業が続々とＣＭスポンサーを降り、フジテレビは経営危機に直面した。

フジテレビは後日参加自由のやり直し記者会見を開催、日枝久代表以外の幹部たちが出席、フリーランスや外国人記者も参加して約400人以上が集まった。怒号が飛び交う中、深夜に及ぶ10時間余りの会見だった。しかしフジテレビの港浩一社長はプライバシー保護を理由にX子さんの被害に関わる事実関係の説明をせず、中居氏とX子さんの会合をお膳立てしたと見られる社員A氏の関与も全面的に否定した。記者たちが納得するはずはない。膨大な時間を使い、約500に及ぶ質問が発せられたが、「中居氏と女性アナの間で何があったのか」の事実関係は伏せられたまま全く解明できなかった。

フジテレビにもコンプライアンス部門はあるが、X子さんの性被害について正式な報告がされていなかったことがわかった。「事実関係を明らかにせよ」と迫る記者の質問に対し、フジテレビ幹部たちはプライバシー保護を隠れ蓑に第三者委員会へ丸投げした。幹部が保身に走り、X子さんの人権をいかに無視しているかを糾弾する記者もいた。肝心な行為の「同意・不同意」も問題になったが、フジテレビ側はその設問への回答も避けた。

ダルトン・インベストメンツはフジサンケイグループ代表として君臨する日枝氏を「独裁者」と呼び、解任を要求している。株主総会を控えたフジテレビが存亡の危機に立たされたことはいうまでもない。

元フジテレビアナウンサー渡邊渚さんのフォトエッセイ『透明を満たす』（講談社）が

注文約1か月後に届いた。ベストセラーとなり在庫切れだったためだ。

「2023年6月のある雨の日、私の心は殺された。仕事の延長線上で起きた出来事だった」と書き始めている。

写真と共に3万字に及ぶ文章がある。400字原稿用紙75枚分の文字量になる。

その日、自分の身に何が起こったか、その後の長く凄惨な闘病生活を耐えて、乗り越える努力を積み重ねて、ようやく新しい歩みを進めることができるようになったという。

「孤独な闘いだった」心身の体験が生々しく綴られた内容だ。

「どれだけ抵抗しても伝わらなかった絶望感と、尊厳を踏みにじられた悔しさ、そして恐怖だった」。「誰かの悪意や悪巧みのせいで病気になって、すべてなくなっていく。自分が大事にしていたことがどんどん失われていって、もし元気になっても、もう私には戻る場所はない」と書かれている。しかし目標にしていた仕事があり「我慢して仕事をこなしていた」という。やがて食事がとれなくなり消化器内科に入院したが、「元気になったら仕事に復帰するつもりだった」。外出して歩くのにも苦痛を感じたというが、こらえて仕事を続けていたようだ。

フラッシュバックなどPTSDの症状が出て、心身はどんどん衰弱していった。自傷行為を起こして精神科へ移された。「眠ることもできず、どんな時もトラウマが頭を離れない。これが一生続いていくのかと想像すると、あの時殺されていたらよかった、死んだほうが楽だと思えて……」。

PTSDとは、命を脅かされるような出来事のトラウマ体験によって起こる精神疾患と言われる。『透明を満たす』の3万字の文字が表現する事実は重く、渡邊さんの闘病生活の苦難は筆舌に尽くせない。

「私をPTSDにした人たちに「私の言論は止められない」と訴えたかった」。SNSで発信したのもそのためだったという。

バレーボールをやっていた彼女はパリ五輪取材という希望を持っていたが、その夢はかなわなかった。会社を辞める決意をした後、自力でパリ五輪のバレーボールの試合を見に行っている。失意の中のパリ旅行だったが、そこで立ち直るきっかけをつかんだようだ。

「尊厳を踏みにじられ、生きる希望を失い、おまけに社会は声を上げたものに平然と石を投げてくる」。しかし「真っすぐ朝日が差し込む縁側に寝そべって夜明けを迎えた。……何十億年も地球はずっと自転していて、何十億年もそのパワーを持ち続けているのだよな、と思った。そして明けない夜はない、と確信した」と書いている。

フジテレビ事件は日本のテレビ局や新聞社が少なからず抱えてきた「人権意識の希薄」を浮き彫りにした。事実の追求が甘く、「嘘」を語るメディアに社会的存在意義はない。「真実」を味方にするほか、メディアの居場所はない。虚偽を真実のように伝えるメディアは世の中から退場するほかないのだ。オールドメディアが問われているのはそのことだ。「人権意識を高めること」が希望を取り戻す唯一の道だと思う。

戦場では弱いもの、子供や女性が犠牲になる。だが今の世の中はまるでメディアが作り出した「戦場」だ。戦場作家のヘミングウェイは『誰がために鐘は鳴る』の冒頭で「誰であれ、死ぬのは自分が死ぬのと同じ」と書いた。「人間の尊厳」を毀損してはならない。

本書では日本のメディアが行き詰まった要因を追究し、改革への指針を模索した。「明けない夜はない」と信じて前へ進むほかはない。

芸能界発生の隠された事件を、日本のオールドメディアの危機と捉えた本書の執筆企画は、私にとって得難い体験だった。この貴重な機会を頂いた平凡社新書編集長岸本洋和氏にあらためて謝意を表したい。

２０２５年２月　　　　　　　　　　　　　　　　　　　　柴山哲也

注（参照文献ほか）

第1章

1　石橋湛山「不祥事件と言論機関の任務——建設的批判に精進すべし」（東洋経済新報　1936年3月7日号）
2　本橋信宏「「おれとジャニーさんは恋人…いや、夫婦だった」元フォーリーブス北公次が初めて性被害を打ち明けた日のこと」（プレジデントオンライン　2023年10月4日）
3　木俣正剛「「タレントに罪はない」は本当か…24年ジャニーズと闘った『週刊文春』元編集長がファンの女性に言いたいこと」（プレジデントオンライン　2023年11月6日）
4　朝日新聞デジタル　2023年12月22日
5　朝日新聞デジタル　2023年11月12日
6　拙著『日本型メディアシステムの興亡——瓦版からブログまで』（ミネルヴァ書房　2006年）
7　前掲6の「序章　夜明け前」中の「米国世論の統一の動き　人権外交」を参照
8　拙著『いま、解読する戦後ジャーナリズム秘史』（ミネルヴァ書房　2020年）第2章「憲法改正論の台頭」
9　柴田優呼「「新聞の影響力は地に落ちた」ジャニーズ、松本人志問題…新聞が社会を揺るがすスクープを出せない根本原因」（プレジデント・ウーマン・オンライン　2024年2月10日）
10　朝日新聞デジタル　2023年10月4日
11　同右
12　田中充「大谷翔平選手の自宅をバラしたメディアの罪、「独自ダネ」競争の問題点は？…プライバシ

ーに踏み込む危うい構図」（JBpress　2024年6月14日）
13　丹羽政善「大谷翔平の自宅報道、問われるプライバシーと報道倫理」（日本経済新聞　2024年6月10日　コラム「拝啓 ベーブ・ルース様」）
14　同右
15　ル・モンド　1997年8月27日

第2章

1　朝日新聞デジタル　2024年3月28日
2　日本中学生新聞「大阪・関西万博　EXPO2025」2024年4月4日　https://note.com/chuushin/n/n05f0b92b3b63
3　テレ朝news　2024年11月11日
4　文春オンライン　2024年2月7日
5　同右
6　週刊文春電子版　2024年9月30日
7　同右
8　朝日新聞デジタル　2023年11月10日
9　同右
10　東小雪オフィシャルサイト　2023年11月11日　https://www.koyukihigashi.com/archives/%e5%ae%9d%e5%a1%9a%e3%81%ae%e3%81%84%e3%81%98%e3%82%81%e3%81%91%e3%83%91%e3%83%af%e3%83%8f%e3%83%a9%e3%80%81%e9%95%b7%e6%99%82%e9%96%93%e5%8a%b4%e5%83%8d%e3%81%ab%e3%81%a4%e3%81%84%e3%81%a6.html
11　https://kageki.hankyu.co.jp/news/pdf/20240328_003.pdf

第3章

1 以下は国境なき記者団ウェブサイト https://rsf.org/en より筆者要約

2 以上、Perceived accuracy and bias in the news media - Knight Foundation（https://knightfoundation.org/reports/perceived-accuracy-and-bias-in-the-news-media/）

3 以上、Norimitsu Onishi パリ特派員の CNews, a French news channel at 'Fox News' - The New York Times などを参照した

4 Why a channel like Fox News can hardly exist in the UK（https://www.lemonde.fr/actualite-medias/article/2020/09/11/pourquoi-une-chaine-comme-fox-news-peut-difficilement-exister-au-royaume-uni_6051789_3236.html）

5 Eleanoa Westney, Mass Media as Business Organizations, A US-Japanese Comparison, Media and Politics in Japan, University of Hawaii Press, 1996.（なお、ウエストニー教授の論文に関しては、拙著『日本型メディアシステムの興亡』で詳述した）

第4章

1 前掲『日本型メディアシステムの興亡』

2 国際ジャーナリスト連盟刊行の冊子「シンポジウム『記者クラブを考える』」国際ジャーナリスト連盟・奥田良胤編集、日本外国特派員協会

3 同右

4 ベンジャミン・フルフォード『日本マスコミ「臆病」の構造』（宝島社文庫　2006年）

5 第54回日本新聞協会式典の挨拶（Foresight　2001年11月号）

6 中馬清福『新聞は生き残れるか』（岩波新書　2003年）

7 田勢康弘『政治ジャーナリズムの罪と罰』（新潮文庫　1996年）

8 拙論「「記者クラブ」はメディア談合の温床だ」（諸君！　２００７年３月号）
9 原発事故時のメディア報道については、前掲拙著『いま、解読する戦後ジャーナリズム秘史』を参照されたい

第5章

1 日本外国特派員協会記者会見　２０１７年10月24日
2 以下の記述は、伊藤詩織『Ｂｌａｃｋ　Ｂｏｘ』（文藝春秋　２０１７年）より
3 以上のQ&Aの質疑記録は、当日の日本外国特派員協会記者会見映像から筆者が確認しているが、文字起こしの部分は２０１９年12月19日公開、富田すみれ子氏執筆のBuzzfeed News（https://www.buzzfeed.com/jp/sumirekotomita/shiori-ito-noriyuki-yamaguchi）を参照した
4 週刊新潮　２０１７年５月25日号
5 Open the Black Box　伊藤詩織さんの民事裁判を支える会ウェブサイト
6 同右
7 鈴木エイト『自民党の統一教会汚染　追跡３０００日』（小学館　２０２２年）
8 山口綾野記者の記事（TBS NEWS DIG 毎日放送　２０２２年12月25日　https://newsdig.tbs.co.jp/articles/-/251664）
9 前掲『自民党の統一教会汚染　追跡３０００日』
10 水島宏明「なぜ被害者たちは「日本記者クラブ」ではなく「外国特派員協会」を選ぶのか…国内マスコミが抱える根本課題」（プレジデントオンライン　２０２３年１月２日）
11 「性暴力の訴えを握りつぶされた元自衛官の告発―五ノ井里奈が米紙に語ったこと」（COURRiER Japon　２０２３年３月28日）
12 前掲10

13　ＦＣＣＪウェブサイト　https://www.fccj.or.jp/article/rekishi

第6章

1　小町谷育子「放送法制定の歴史のススメ―⑤電波監理委員会の成立と廃止」（https://informationlaw.hatenablog.com/entry/broadcasting-law-history5/）

2　是枝裕和「「放送」と「公権力」の関係について」（http://www.kore-eda.com/message/20151107.html）

3　渡邉恒雄『ポピュリズム批判』（博文館新社　１９９９年）

4　前掲『政治ジャーナリズムの罪と罰』

5　前掲『いま、解読する戦後ジャーナリズム秘史』

6　前掲『日本型メディアシステムの興亡』

7　拙論「小泉劇場が生み出した「ワイドショー公共圏」」（論座　２００１年8月号）

8　舛添要一「田中真紀子「電波役者」の言語能力」（文藝春秋　２００１年7月号）

9　グレン・カール「リアリストが日本被団協のノーベル平和賞受賞に思うこと」（ニューズウィーク日本版　２０２４年10月22日号　コラム「ＣＩＡが視る世界」）

10　以上、前掲『いま、解読する戦後ジャーナリズム秘史』から引用

【著者】
柴山哲也（しばやま　てつや）
ジャーナリスト。1970年、同志社大学大学院新聞学科を中退し朝日新聞社入社。大阪本社、東京本社学芸部、「朝日ジャーナル」編集部、戦後50年企画本部などに所属。退社後、ハワイ大学客員研究員、米国立シンクタンク・イースト・ウエスト・センター客員フェロー、国際日本文化研究センター客員教員、京都大学大学院非常勤講師、京都女子大学教授、立命館大学客員教授などを歴任。著書に『日本型メディアシステムの興亡』『いま、解読する戦後ジャーナリズム秘史』（以上、ミネルヴァ書房）、『ヘミングウェイはなぜ死んだか』（集英社文庫）、『新京都学派』『真珠湾の真実』（以上、平凡社新書）などがある。

平凡社新書1080

なぜ日本のメディアは
ジャニーズ問題を報じられなかったのか
記者クラブという病理

発行日――2025年4月15日　初版第1刷

著者――柴山哲也
発行者――下中順平
発行所――株式会社平凡社
〒101-0051　東京都千代田区神田神保町3-29
電話　（03）3230-6573［営業］
ホームページ　https://www.heibonsha.co.jp/

印刷・製本―株式会社東京印書館
装幀――菊地信義

ISBN978-4-582-86080-1